D1529814

Scrapbooking

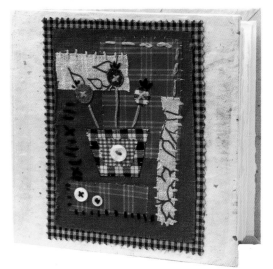

*Un guide d'inspiration pour
personnaliser et embellir vos propres
albums de montage*

Les Éditions
Goélette inc.

Édition originale © 2005 Quantum Publishing Ltd.
6 Blundell Street, London N7 9BH
Titre original : Scrapbooking

Pour la présente édition
© 2006 Les Éditions Goélette
600 boul. Roland-Therrien Longueuil J4H 3V9

Couverture et mise en page : Katia Senay
Coordination : Esther Tremblay
Traduction : Michèle Michaux
Révision : Lisanne Le Tellier

Gouvernement du Québec -
Programme de crédit d'impôt pour l'édition de livres - Gestion SODEC

Imprimé à Singapour

ISBN : 2-89638-044-2

Table des matières

Introduction

Les souvenirs personnels ne doivent pas dégénérer en fouillis et ce livre vous aidera, grâce à des instructions faciles à suivre, à créer 24 magnifiques albums dont vous serez fiers.

Comme à l'époque victorienne, alors que le journal personnel pouvait contenir les sentiments, les pensées du cœur, les mèches de cheveux, les dessins de la nature et les espoirs consignés, le passage du temps peut être documenté et archivé pour une consultation future. La naissance, la mort, le mariage, la croissance de nos enfants font tous partie intégrante de notre existence. Bien sûr, les photographies constituent le moyen le plus utilisé pour préserver la plupart de nos souvenirs, mais qu'en est-il de tous les autres objets qui évoquent en nous la même nostalgie et dont la compilation procure des heures d'amusement et d'intérêt ?

Billets de théâtre, boutons, pièces de monnaie, cartes, morceaux de papier d'emballage, fleurs séchées, tout cela nous rappelle des dates spéciales et des lieux mémorables. Souvent, ces trésors que nous possédons sont destinés à ramasser la poussière sur une étagère ou pire encore, installés dans une vieille boîte à chaussures oubliée au grenier jusqu'au prochain déménagement ou au prochain changement de décor. De fait, l'usure du temps ne permet bientôt plus de les récupérer. Cachés dans le fond d'un tiroir, ces trésors peuvent être une source de joie lorsqu'on les retrouve parfois, mais ils n'ont pas l'avantage d'être classés, organisés et bien mis en valeur.

Dans ce livre, nous vous montrons comment fabriquer et créer des livres et des albums uniques qui captureront l'imagination des générations futures. Avec des projets très originaux et abondamment créatifs, allant du plus simple au plus élaboré, nous décrivons et illustrons pour vous la façon d'utiliser des techniques d'artisanat variées telles que le point de croix, les rubans et le collage, pour n'en nommer que quelques-unes. Nous vous présentons des outils et des techniques de décoration utiles et faciles à travailler incluant la bordure découpée à motifs, l'étampe de caoutchouc, le pochoir, l'embossage, la méthode de fabrication des couvertures et les principes généraux de conception et de disposition. Pour mener à bien vos projets, nous avons établi une liste du matériel et de l'équipement nécessaires pour des tâches comme le découpage, le collage, le perçage et le pressage. Un guide clair et peu exigeant vous emmène à travers le dédale des pièges à éviter en ce qui concerne la sélection, le découpage, le transfert de photos, le laminage et le montage de vos archives, que vous pourrez classer de façon sûre et sécuritaire.

GAUCHE : *Recueillez de fines baguettes et des feuilles et recyclez un vieux morceau de suède pour en faire une douce et souple couverture d'album.*

Avec des modèles réalisés à la main et des instructions à suivre pas à pas, vous pourrez constater comment ces projets peuvent donner du cachet à votre manteau de cheminée ou votre étagère à bibelots. Une combinaison de textes, d'illustrations ou de photos accompagne chaque projet. Une fois vos trésors exposés dans un album, il vous sera beaucoup plus aisé d'apprécier et de partager vos moments précieux et cette touche spéciale ajoutera une autre dimension à vos souvenirs.

Malgré la poussée des technologies par ordinateur, les livres n'ont rien perdu de leur attrait. Ils ont un rôle important à jouer dans nos vies, que ce soit par l'écriture ou sous la forme d'un album de montage. Tenir un tel album entre les mains est une expérience tout à fait particulière qui ne peut se comparer à celle de tenir une copie imprimée par ordinateur ou de regarder un écran.

Que vous désiriez utiliser votre album comme recueil de souvenirs ou l'inclure dans une exposition, permettez-vous toujours d'y ajouter votre touche finale. Assurez-vous de bien choisir le bon modèle d'album, par exemple, un cartable à anneaux ou un album à vis extensibles. Vous serez surpris de constater la vitesse à laquelle les années défilent. Ramenez à la vie vos moments les plus mémorables en utilisant notre sélection de projets ou en créant les vôtres, en vous basant sur les idées et les inspirations de ce livre. Mais mieux encore, amusez-vous !

GAUCHE : *Pour donner un aspect différent à votre album, utilisez du velours pour le couvrir, un morceau de dentelle pour le décorer et ajoutez-y une feuille séchée.*

LES
BASES

Ce qui est formidable lorsqu'on réalise des albums de montage, c'est que le coût en est très minime et que l'on s'amuse en appliquant, d'une manière créative, les techniques de base qui sont expliquées dans cette section. Dans cette partie du livre, vous découvrirez l'équipement de base et les matériaux dont vous aurez besoin. Vous apprendrez l'importance d'organiser et de prendre soin de vos photographies en même temps que d'agencer, de découper, de manipuler les images pour créer des effets fabuleux. Une fois que vous aurez décidé d'un thème et choisi les images que vous voulez, vous pouvez commencer à fabriquer votre album de montage. Par la suite, vous continuerez de l'embellir avec toutes les idées créatives que nous vous exposons, telles que le découpage décoratif des bordures et l'utilisation de pochoirs pour embosser.

Équipement et matériaux

L'essentiel de l'équipement consiste en des outils de base qu'on utilise presque tous les jours comme des crayons, une règle, un couteau exacto et des ciseaux, ainsi que du papier et des cartons de toutes sortes, mais il y a également tout un éventail de matériel que vous pouvez ajouter et utiliser pour embellir votre travail.

DÉCOUPAGE

Lorsque vous découpez, rappelez-vous de toujours protéger votre surface de travail par un napperon rigide, une feuille de papier journal, un carton ou encore, un vieux bottin de téléphone.

Pour découper du carton, une feuille de mousse ou n'importe quel matériel épais, utilisez une règle d'aluminium et un outil du genre scalpel ou exacto. Les photos et le papier peuvent être découpés par des ciseaux bien affûtés (quoique parfois, il soit peut-être utile de se munir d'un petit couteau exacto fin, qui donne des bords plus nets et plus droits) si vous planifiez d'exécuter plusieurs travaux de ce genre.

LES COLLES

Choisissez des colles de qualité spécifique pour le travail d'archives afin de ne pas endommager vos images. Les bâtons de colle sont fabriqués sans acide et sont non toxiques mais très souvent, la colle sèche et s'effrite sur une longue période de temps.

Vérifiez que les coins et onglets fabriqués pour les albums de photos aient une qualité appropriée au travail d'archive avant de les acheter.

La colle d'artisanat (PVA) est convenable pour les papiers et tissus. Cependant, pour plusieurs des projets, il est possible d'utiliser du ruban de montage double face comme celui pour les tapis. C'est une méthode très sécuritaire et peu coûteuse car on le trouve un peu partout, dans les quincailleries. Mais attention ! Une fois placé, il est impossible de le changer de place, donc soyez certains de la position que vous voudrez donner à votre matériel avant de coller les deux surfaces.

L'équipement de base requis pour les projets exposés dans ce livre est très peu coûteux et facile à trouver.

La colle en aérosol pour les photos peut vous permettre de repositionner vos objets. Cependant, elle ne peut être utilisée que pour du matériel léger.

PAPIER ET CARTON

Il existe une grande variété de papiers et de cartons disponibles pour votre choix.

Pour exécuter les pages de l'album, utilisez un carton de poids moyen – à peu près 170g. (6 oz). Du papier plus fin peut être ajouté au-dessus pour la décoration ou pour créer des effets spéciaux. Les papiers de qualité d'archive sont fabriqués sans acide, afin de ne pas jaunir ni gruger vos photos.

Pour un effet plus naturel, pour les thèmes de jardinage ou pour exposer les fleurs pressées ou autres matériaux naturels, utilisez le papier fabriqué à la main. Il coûte plus cher, mais il est parfait pour donner un effet plus recherché.

Afin de prévenir les égratignures des photos entre elles, vous pouvez insérer du papier glassine entre les pages pour les protéger.

MARQUEURS – CRAYONS-FEUTRES

Les crayons-feutres vous sont offerts dans un large éventail de couleurs et de qualités. Il y a des couleurs métalliques qui sont très efficaces pour écrire sur du papier noir ou de couleur foncée. Les pointes calligraphiques sont intéressantes à essayer et peuvent donner un aspect très élégant à votre écriture.

Assurez-vous de ce que vous allez écrire avant de commencer, car une fois que vous aurez fait une marque avec un crayon-feutre, vous ne pourrez plus l'effacer. Rappelez-vous également de ne jamais utiliser de crayon feutre au dos d'une photographie car les couleurs peuvent transparaître sur la photo. Utilisez plutôt un crayon à mine de plomb doux. Les marqueurs de type Pigma sont utiles pour écrire sur du carton de qualité d'archive, car ils adoptent les caractéristiques du papier : l'encre est imperméable et ne s'éclaircira pas.

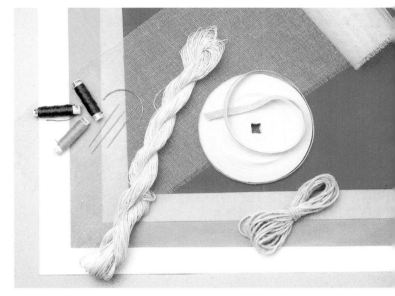

MATÉRIEL DE COUTURE

Pour coudre, vous pouvez utiliser toutes les sortes de fils, rubans adhésifs, cordelettes et rubans. Le matériel de couture à utiliser dépend de l'aspect que vous désirez donner à votre album et de l'utilisation à laquelle vous le destinez. Le meilleur fil en ce qui concerne la solidité est le fil de lin utilisé en reliure. Il est fabriqué à partir de fibres de lin et est disponible en plusieurs épaisseurs. Il est généralement de couleur crème ou écru, mais vous pouvez aussi le trouver en noir. Si vous prévoyez que votre couture sera visible et que vous désirez de la couleur, utilisez du fil à bouton et appliquez de la cire d'abeilles dessus.

Pour les reliures à l'anglaise, le meilleur outil à utiliser est le ruban en tissu de coton ou de lin vendu au rouleau. Le ruban de lin n'est pas blanchi et est fait de fibres de lin tissées, alors que le ruban de coton est généralement blanchi. Que les matériaux de couture utilisés soient visibles ou fassent partie intégrante de la conception, vous pouvez laisser libre cours à votre imagination. N'importe quel article de comptoir peut être utilisé en incluant les lanières de cuir, du ruban ou des tuyaux de caoutchouc, pour autant qu'ils soient raisonnablement solides. Pour tous les matériaux, ayez en tête ce que vous voulez vraiment réaliser avec l'album et comment il va être utilisé. Plus résistant est le matériau et plus longtemps l'album perdurera.

Vous pouvez écrire vos phrases-mémoires à côté de vos photos avec une variété de crayons-feutres, mais utilisez seulement un crayon de plomb doux pour écrire au dos des photographies.

MATÉRIAUX TROUVÉS

Il y a un nombre impressionnant de matériaux trouvés ou que l'on obtient facilement qui peuvent être utilisés pour améliorer vos albums et vos boîtes. On les retrouve le plus souvent autour de la maison, dans les rebuts, dans les quincailleries ou encore lors d'une promenade. Un morceau de bois d'allure biscornue retrouvé sur la rive peut très bien être utilisé avec du raphia ou de la ficelle de jardin pour attacher les journaux et albums. Les magasins d'articles usagés regorgent de belles trouvailles comme des perles pour la couture ou la finition.

Des feuilles, des mèches de métal, des gommes à effacer sculptées ou des peignes à cheveux peuvent être trempés dans l'encre et utilisés pour imprimer du papier décoratif. Des restants de papiers faits à la main peuvent être collés ou cousus ensemble pour devenir une alternative au matériel de couverture. Les fils de cuivre et de laiton seront utiles pour décorer les agrafes et les petites chevilles ou brochettes de bois feront de magnifiques fermoirs lorsque sculptés, peints ou vernis. Explorez les projets de ce livre et découvrez les matériaux trouvés qui ont été utilisés.

Planifiez votre album de montage

Même si nous tentons généralement de garder toutes nos photos dans un album de famille, nos enfants grandissent et par conséquent, l'album aussi, gonflé et bombé par un mélange de photos et de notes. Le temps est donc venu de rassembler le matériel et de réaliser un album de montage pour classer tous ces souvenirs.

Peut-être est-il maintenant temps de faire le point, d'éditer et sélectionner toutes ces photos et tous ces morceaux de souvenirs épars qui se sont accumulés au fil des ans. Vous pouvez réorganiser votre collection en créant des albums qui identifient facilement les périodes et les thèmes, en fabriquant des boîtes de souvenirs de bébé qui non seulement contiendront les photos mais aussi tous ces petits trésors si chers à votre cœur, comme des mèches de cheveux ou son premier chausson. Vous pourriez créer un album de montage spécialement dédié aux années d'école de votre enfant. Ce sont des objets personnels que vous réaliserez pour votre propre famille ou que vous donnerez en cadeau à vos amis.

Si vous décidez de réaliser une boîte au lieu d'un album, vous serez surpris de constater que vous pourrez y conserver tous les moments précieux qui entourent la naissance d'un enfant. Cette boîte deviendra l'endroit où les souvenirs seront réunis, comme les cartes de félicitations que vous avez reçues, vos notes de grossesse, de la naissance et les photos de votre nouveau-né.

Dans la première partie de ce livre, nous décrivons et illustrons les divers matériaux et équipements dont vous pourrez avoir besoin pour compléter les projets qui suivent. Beaucoup de ces items sont des objets communs qu'on retrouve à la maison et qui sont faciles d'utilisation, même sur la table de cuisine. Dès que vous aurez commencé à réaliser et enjoliver vos propres albums, vous découvrirez comment il est simple et satisfaisant de produire de jolis présents créatifs et gardiens de souvenirs.

Il est impératif de choisir votre réserve de papiers et cartes avec beaucoup d'attention. Pensez à la façon dont vous allez utiliser votre album – pour écrire, pour peindre ou simplement comme album de montage. Si vous pensez y inclure des objets, le papier doit être suffisamment solide pour les supporter.

Un album de photos requiert des cartes minces ou du papier fait à la main assez épais pour supporter les photos. Si vous pensez peindre le papier, vous aurez besoin de papier spécial qui ne roulera pas ou ne se tordra pas en séchant.

Vous aurez à choisir des décorations qui s'harmoniseront au thème de l'album et ajouteront votre touche personnelle. Pour un album d'amoureux, par exemple, utilisez des matériaux chauds et somptueux : rubans, sequins et perles, soit tout ce qui exprime l'idée du luxe. La dentelle ajoute une touche plus légère, plus délicate encore. Des objets trouvés lors de vos voyages – comme des pièces de verre lavées par la mer ou des feuilles – peuvent aussi être ajoutés à votre concept.

Lorsque vous vous décidez pour l'une ou l'autre technique de reliure ou d'attaches, songez également à la façon dont vous utiliserez votre album. Si vous pensez l'exposer souvent, voyez à ce que la reliure soit puissante. Si vous pensez y ajouter ou y ôter des pages, pensez à utiliser une reliure qui vous permettra de le faire.

Si vous incluez des souvenirs qui ne sont pas plats, veillez à vous munir d'une reliure flexible et choisissez une couverture rigide pour un journal de dessin.

Lorsqu'il est temps de concevoir les couvertures, vous pouvez utiliser tout ce qui vous tombe sous la main pour embellir un album ou un dossier un peu terne. Tout ce dont vous avez besoin, c'est un peu d'imagination et de quelques-uns des matériaux suggérés dans la première section de ce livre.

CI-DESSOUS : *Intéressant papier fabriqué à la main, coupé et déchiré, et disposé sur le dessus de l'album de montage. Les feuilles de bambou incorporées dans le papier donnent un aspect légèrement oriental.*

Divers outils de décoration

*Avec un peu de réflexion, des techniques simples peuvent être utilisées pour embellir votre album de montage.
Nul besoin d'être un artiste pour faire de votre livre une œuvre d'art. Suivez juste quelques conseils
donnés dans cette section et ajoutez-y votre touche personnelle.*

BORDURES DÉCORATIVES

Des ciseaux spéciaux – innovateurs et peu coûteux – peuvent faire des miracles et ajouter des bordures décoratives aux pages d'un album. Ces ciseaux sont disponibles dans une variété de modèles allant du zigzag à la vague ou le feston, et peuvent être utilisés pour compléter autant les images positives que négatives. Il existe même des versions de ces ciseaux qui font des coins décoratifs. Si vous le préférez, vous pouvez aussi réaliser les bordures décoratives sur les photos elles-mêmes. Expérimentez-les sur une photocopie avant de procéder sur l'original afin d'en prévoir le résultat.

Ces deux photographies ont été travaillées en utilisant des ciseaux décoratifs qui donnent un aspect plus léger, et des bordures déchiquetées sur une feuille de papier fabriqué à la main.

Vous pouvez transformer un papier tout simple en pages intéressantes et passionnantes juste par l'utilisation de ciseaux à motifs. Ceux-ci ont une variété attrayante de motifs divers et sont un moyen tout simple d'ajouter de l'intérêt à vos albums. Lorsque vous utilisez ces ciseaux pour la première fois, il est bien important de garder le modèle constant. Votre travail fini sera beaucoup plus harmonieux si, par exemple, les coins sont symétriques. Vous pouvez même acheter des ciseaux spéciaux ou des outils à poinçonner pour cela.

POCHOIRS ET GABARITS

Vous pouvez utiliser des pochoirs ou des gabarits pour réaliser des bordures décoratives, des cadres ou même du lettrage. Il existe un très grand choix de modèles prêts à utiliser ou vous pouvez fabriquer vos propres modèles en vous basant sur un modèle de pochoir ou de gabarit de plastique. Lorsque vous utilisez un pochoir, veillez à ce qu'il soit fermement maintenu en place par du ruban adhésif détachable pendant que vous appliquez la couleur, que ce soit avec un pinceau, des crayons ou des crayons-feutres.

AUTOCOLLANTS

Les autocollants sont amusants et particulièrement faciles d'utilisation pour les enfants, en plus d'être réutilisables, pour la plupart. Cependant, soyez certains de savoir où vous désirez les positionner avant d'ôter la pellicule de protection, car ils peuvent être difficiles à ôter sur certains matériaux.

POINÇONS DÉCORATIFS

Certains poinçons spéciaux vous permettent de poinçonner des formes sur du carton ou du papier. Deux modèles sont offerts : une version apparentée aux ciseaux, que l'on tient à la main en y exerçant une pression, et l'autre, qui est du genre bouton que l'on presse. Une grande variété de motifs et de formes sont disponibles. On les retrouve sous forme de cœurs, d'étoiles, de chats, de maisons, de chérubins, etc. Certains sont conçus pour la décoration des bordures ou des côtés alors que d'autres sont munis de poignées plus longues qui permettent d'atteindre le milieu d'une page. Souvenez-vous que la forme obtenue est une image positive qui peut également être utilisée pour décorer d'autres pages.

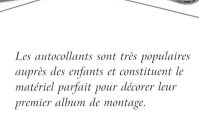

Les autocollants sont très populaires auprès des enfants et constituent le matériel parfait pour décorer leur premier album de montage.

Les poinçons décoratifs sont des outils très versatiles qui permettent le travail sur du carton et du papier. Ils ont la particularité d'offrir deux techniques décoratives puisque les images poinçonnées peuvent également être utilisées.

ESTAMPE DE CAOUTCHOUC

Depuis quelques années, les estampes de caoutchouc de toutes tailles et formes sont devenues extrêmement populaires pour décorer les objets de toutes les façons possibles. La couleur peut être appliquée en pressant l'estampe sur le tampon encreur pour la reproduire ensuite sur l'image à l'endroit désiré.

Si vous désirez obtenir un dessin multicolore, vous pouvez colorier les différents espaces du dessin avec des crayons-feutres.

EMBOSSAGE

L'embossage ressemble à l'estampage, mais il est un peu plus difficile à maîtriser et demande plus de pratique avant de le réaliser sur un album. Les estampes sont les mêmes mais vous utilisez un tampon encreur spécial, imbibé d'une substance ressemblant à de la colle légèrement teintée, afin que vous puissiez voir le dessin que vous transférez. Sur cette image, vous saupoudrez des poudres à embosser, disponibles dans un grand choix de couleurs incluant les nuances métalliques comme l'or, l'argent et le cuivre. Puis vous secouez l'excès de poudre, que vous pouvez garder pour un usage ultérieur. Vous placez l'image sous une source de chaleur, tel qu'indiqué sur le contenant, jusqu'à ce que la poudre fonde pour créer un effet embossé. Il faut vraiment être attentif pendant ce processus afin d'éviter que le papier ou le carton ne brûle. Lorsque le travail est refroidi, vous pouvez colorier l'image avec des crayons-feutres ou de la peinture.

Les tampons encreurs sont disponibles en plusieurs variétés de couleurs incluant les couleurs métalliques or, argent et cuivre.

Une fois bien maîtrisé, l'art de l'embossage fournit de magnifiques cadres pour vos photos. Il est particulièrement indiqué dans le cas des images en noir et blanc.

DÉCOUPAGE

Vous pouvez prendre de vieilles cartes de souhaits, du papier d'emballage, des magazines et autres pour ajouter de la texture et de l'intérêt à vos albums sans que cela ne vous coûte trop cher. Vous pouvez déjà avoir de belles cartes que vous aviez gardées. Recherchez les cartes embossées avec des bordures qui peuvent être découpées et utilisées comme cadres pour vos photos. Dans les magazines ou le papier d'emballage, découpez les images qui sauront s'harmoniser avec le thème de votre album. Des napperons de dentelle en papier ou des rebuts d'images victoriennes ajoutent une touche de tendresse et de romance à un album. La texture en dentelle d'un napperon peut être utilisée comme cadre pour les photos de noces, alors que les retailles victoriennes servent parfaitement pour les albums de bébé.

Les fleurs pressées ajoutent beaucoup de charme lorsqu'elles entourent une photo, comme vous pouvez le constater ici. Collez-les légèrement avec un bâton de colle et protégez-les par une feuille de papier glassine ou un acétate.

Vous pouvez obtenir des livres de retailles victoriennes et autres images à découper chez les détaillants de produits d'artisanat, ce qui vous rendra la tâche plus facile pour choisir exactement l'effet que vous désirez. Recherchez également les livres d'images libres de droits, les cartes de Noël ou les cartes d'anniversaire.

FLEURS PRESSÉES

Les fleurs pressées sont porteuses de beaucoup de souvenirs. Essayez de prendre les fleurs quand elles sont sèches et ne cueillez jamais les espèces sauvages protégées ou poussant sur des terrains privés et espaces publics. Choisissez les fleurs qui sont en bonne condition car les contusions ou les défauts apparaîtront encore plus lorsqu'elles seront séchées.

Il est possible de presser des fleurs plus volumineuses comme les roses ou les pivoines mais elles ont tendance à avoir un aspect écrasé qui est moins attrayant. Choisissez des fleurs plus fines comme les violettes, les primeroses, les myosotis ou encore prenez, des fleurs avec beaucoup de pétales comme les dahlias dont vous réassemblerez les pétales par la suite en un bouquet dans votre album.

Des presses à fleurs s'achètent dans le commerce, mais vous pouvez improviser avec du vieux papier journal, du papier buvard et des briques. Pliez trois grandes feuilles de papier journal en quatre parties et insérez un morceau de papier buvard dans le pli. Étalez les fleurs choisies sur le papier buvard, en veillant à ce qu'elles ne se touchent pas entre elles, et couvrez-les avec une autre feuille de papier buvard. Refermez le papier journal et placez une mince plaque de bois dessus pour répartir la pression. Installez deux ou plusieurs briques sur le dessus pour ajouter du poids et laissez le tout reposer pour au moins dix jours. Choisissez préférablement une place tiède et sèche, car lorsque les fleurs sèchent plus vite, leur couleur est mieux préservée.

Fabriquez votre propre papier

Personnalisez votre album de montage par l'ajout de papier fabriqué à la main en utilisant les matériaux disponibles dans votre jardin ou recueillis lors d'une promenade. Il est plus aisé de créer du papier à partir de fleurs fraîches, pressées, de graines, de pétales, d'herbe ou de feuilles. Fabriquer du papier peut être salissant, donc gardez votre espace de travail protégé en recouvrant toutes les surfaces par du papier absorbant, du papier journal ou de vieilles serviettes.

VOUS AUREZ BESOIN :

De papier journal – *pour protéger vos surfaces de travail et aider au séchage des feuilles*

De papier de rebut – *vous pouvez recycler la plupart des papiers mais pas le papier journal*

D'eau

D'éponge

D'un mélangeur ou liquéfacteur – *ceci doit inclure un disjoncteur*

D'une cuve – *plus grande que votre plus grand moule*

De feutres – *achetez du feutre fabriqué ou utilisez des torchons à vaisselle en viscose taillés en bandes (celles-ci doivent être deux fois plus longues et un peu plus larges que le moule)*

D'un moule – *tendre un treillis de mailles simples sur un cadre rectangulaire.*

D'un tamis

De graines, herbes, fleurs et feuilles séchées

De pinces à épiler

D'un tapis d'absorption – *disponible dans les centres de jardinage*

D'une presse – *une paire de plaques de mélamine contreplaquée et quatre pinces serre-joints G.*

D'un fer à repasser

D'un couteau-palette *(optionnel)*

D'une corde à linge ou support à linge pliant et de pinces à linge *(optionnel)*

De papier brun *(optionnel)*

PRÉPARATION DE LA PULPE RECYCLÉE

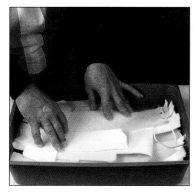

1. Dans une cuve, mettez à tremper 18 feuilles 22 x 28 cm (8½ x 11po) (A4) de papier de rebut – pas de papier journal – dans 4½ litres (1 gallon) d'eau et laissez reposer toute la nuit.

2. Déchiquetez le papier en petits morceaux. Remplissez un mélangeur de cuisine de 1,2 litres (1 pinte) avec de l'eau jusqu'au ¾ et ajouter une partie de papier déchiqueté (à peu près ⅛ à la fois) en mélangeant jusqu'à consistance pulpeuse.

3. Versez la pulpe dans une cuve et répétez le procédé jusqu'à ce que la cuve soit au ¾ pleine. Ajoutez de l'eau si nécessaire.

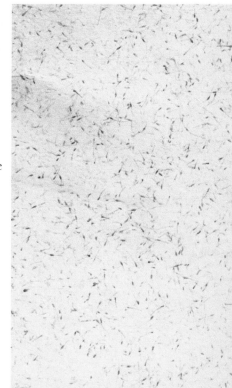

DROITE : *Papier fabriqué à partir de joncs (*Cyperus papyrus*). Le premier papier fabriqué de papyrus semble être apparu aux environs de l'an 2500 à 2200 avant JC.*

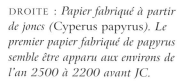

MISE EN FORME DE LA FEUILLE

1. Humidifiez 13 feutres. Pliez en un pour former un petit coussinet. Placez le coussinet sous la moitié d'un autre feutre.

2. Remuez bien la pulpe jusqu'à ce que la formation des vagues se stabilise.

3. Descendez le moule verticalement dans la cuve, depuis le bout de la cuve le plus éloigné de vous. Inclinez-le vers le bas. Tirez-le vers vous jusqu'à ce qu'il soit bien horizontal en dessous de la surface de la pulpe.

4. Tenez le moule dans sa position horizontale et soulevez-le au-dessus de la cuve. L'eau sera drainée et s'égouttera dans la cuve.

5. Si vous découvrez des inégalités sur la feuille, retournez le moule dans la cuve et laissez la pulpe s'écouler. Remuez et recommencez le procédé à nouveau jusqu'à obtention d'une couche égale de pulpe.

PAPYRUS

Idéal pour les pages de garde, ce papier légèrement texturé est fabriqué à partir de joncs (aussi connus sous le nom de quenouilles) qui poussent à l'état sauvage dans les fossés ou sur les bords des étangs et des lacs. Le jonc peut être cultivé à la maison mais il faut faire attention à sa tendance à dominer les autres plantes.

1. Récoltez les semences en mettant les pointes de fleur dans un sac de papier brun. Détachez les pointes dans le sac et relâchez les graines. Gardez-les dans une place sèche.

2. Ajoutez les graines à la préparation pulpeuse et remuer doucement pour bien les mélanger.

3. Formez les feuilles et étendez-les selon l'usage. Pressez les feuilles et suspendez-les pour le séchage.

ÉPI DE MAÏS

Le papier fabriqué à partir des soies de maïs ou de l'épi de maïs (ci-dessus) a une texture plus fine, ce qui la rend propice à l'écriture. Lorsque vous aurez prélevé les soies du maïs ou de l'épi, vous pourrez le mettre à cuire pour vous offrir un bon repas.

1. Prélevez les soies de l'épi alors qu'il est bien mûr. Glissez-les dans un sac bien sec et mettez-les à sécher dans une place très aérée.

2. Coupez les soies en petits morceaux et mélangez-les doucement dans la préparation pulpeuse.

3. Formez les feuilles et étendez-les selon l'usage. Pressez les feuilles et suspendez-les pour le séchage.

POT POURRI

Selon les fleurs et feuilles que vous utilisez, le pot pourri peut donner à votre papier une teinte indivi-dualisée. La lavande et les pétales de roses se travaillent particulièrement bien.

1. Dans un moulin à café, moudre les graines ou les épices. Écrasez le pot pourri pour en faire des morceaux plus petits.

2. Ajoutez les graines au mélange de pulpe et mélangez doucement pour bien distribuer le tout.

3. Formez les feuilles et étendez-les selon l'usage. Pressez les feuilles et suspendez-les pour le séchage.

LES FLEURS DE SOUCI

Les pétales du souci offrent de très beaux résultats avec le papier fabriqué à la main, car ils retiennent leur vibrante couleur jaune.

1. Récoltez les têtes de fleurs de souci et détachez les pétales. Pressez les plus beaux pétales entre des feuilles de papier absorbant pour les faire sécher. Mettez à sécher les autres pétales également.

2. Ajoutez et remuez les pétales non pressés dans la préparation pulpeuse.

3. Formez les feuilles et étendez-les. Dissé-minez les pétales pressés sur la feuille à l'aide des pinces à épiler. Pressez et suspendez ensuite la feuille pour le séchage.

ÉTENDRE

CONSERVATION DE LA PULPE

1. Tenez le moule au-dessus de la cuve pour égoutter. Positionnez le moule au-dessus du coussinet. Retournez le moule sur le coussinet et pressez vers le bas.

2. Pressez avec une éponge légèrement humide sur le filet pour ôter l'excès d'eau. Pour dégager la feuille avant de soulever le moule, effectuez un mouvement de bascule avec le moule. Repliez la deuxième moitié du feutre sur la feuille. Étendez un nouveau feutre sur le dessus et commencez à étendre votre seconde feuille.

3. Tamisez la pulpe en excès et laissez-la sécher. Entreposez-la dans un contenant hermétique au réfrigérateur pour au plus une semaine (plus longtemps au congélateur).

EMBOSSAGE

Pour faire un modèle imprimé sur la feuille de papier, utilisez tout ce qui arbore un motif très texturé, comme une feuille.

1. Formez une feuille de papier et étendez-la.

2. Placez une feuille très texturée sur la surface du papier. Couvrez-la avec le feutre, pressez et séchez la feuille entre les pages de papier journal.

3. Quand la feuille de papier est sèche, soulevez la feuille avec la pince à épiler.

Expérimentez le pliage

Le meilleur moyen de se familiariser avec ses matériaux est de les travailler. Essayez d'exécuter quelques pliages de votre cru en expérimentant sur du papier peu coûteux.

Les diagrammes et illustrations suivants montrent les variations sur la technique de base du pliage en accordéon. En utilisant du papier d'épaisseurs différentes, tentez de les plier et voyez comment ils réagissent. Les plis plus fins et plus fragiles du livre en accordéon ont une qualité différente de celle du zigzag encoché fabriqué dans du carton mince. Qu'arrive-t-il si vous pliez le papier en angle ou si vous fendez un des plis et le pliez dans un autre sens ? Divers types de pliages peuvent être utilisés pour illustrer un poème, un conte ou pour créer un labyrinthe complexe.

PLIS ALTERNATIFS

Pliez un morceau de papier plat dans le sens de la longueur. Pliez ensuite dans le sens de la largeur pour avoir quatre plis. Ouvrez le papier et faites une coche sur la longueur, du bas de la feuille jusqu'au milieu, en laissant le haut intact (A). Pliez le papier en zigzag en commençant par le numéro 1 et en terminant par le numéro 8.

Si vous pliez le papier en zigzags inégaux, vous pouvez sculpter n'importe quel nombre de structures. Si vous désirez qu'il reste debout, vous pourriez avoir besoin de tailler le bout inférieur (B).

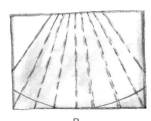

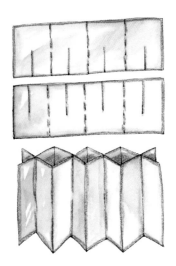

LIVRE ACCORDÉON

En prenant du papier très fin, comme du papier genre feuille d'oignons japonais ou du papier blanc, pliez-le en un très long zigzag. Joignez les plis comme requis et attachez le tout à un morceau de carton en trois parties (tel que décrit dans la section pliage de ce livre).

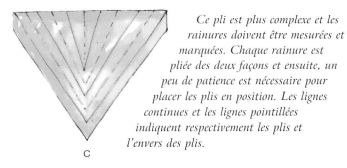

Ce pli est plus complexe et les rainures doivent être mesurées et marquées. Chaque rainure est pliée des deux façons et ensuite, un peu de patience est nécessaire pour placer les plis en position. Les lignes continues et les lignes pointillées indiquent respectivement les plis et l'envers des plis.

LIVRE ZIGZAG SOLIDE

Prenez deux morceaux de papier rigide ou de carton mince de la même taille. Marquez le pli sur les lignes pointillées (voir le diagramme) et faites une entaille jusqu'à la moitié de la hauteur du papier dans le centre de chaque pli. Pliez en zigzag, tournez-en un tête en bas et glissez-les ensemble dans les encoches.

Fabriquez votre album de montage

Comme les exemples illustrés dans ce livre vous le démontreront, il y a plusieurs façons différentes de fabriquer un album de montage. Lisez ces instructions générales avant de vous lancer dans un projet en particulier.

OPTIONS FACILES

Vous n'avez aucunement besoin d'être un artiste ou un adepte de l'artisanat pour fabriquer un album de montage personnalisé. Il peut s'adapter à un album déjà existant, un livre ou même un cahier de notes à anneaux. Décorez-le pour en faire un objet personnalisé en utilisant n'importe laquelle des techniques expliquées dans la section : Divers outils de décoration (pages 14-17) et qui s'élaborent depuis l'effet instantané procuré par l'estampage ou l'autocollant jusqu'à la carte de souhaits peu coûteuse. Elles offrent toutes des méthodes faciles pour améliorer votre album sans y mettre trop de temps ou d'efforts.

LA COUVERTURE

Les couvertures sont généralement mieux construites à partir de feuilles de mousse qui sont légères, rigides et ne gondolent pas. Elles consistent en une couche de styromousse contenue entre deux feuilles de carton. De par sa construction sur trois niveaux, vous pouvez former une charnière en coupant les deux couches supérieures et en laissant la troisième intacte. Par la suite, il s'agit simplement de pliez le carton afin que la ligne de coupe s'ouvre – de cette façon, la couche inférieure devient la charnière qui peut être renforcée avec du ruban à masquer ou du ruban à reliure. Utilisez toujours un couteau bien aiguisé du genre scalpel ou exacto – un couteau mal affûté donnera des bords déchiquetés – et prenez soin d'utiliser une règle d'aluminium pour vous guider.

Si vous désirez que votre couverture plie à plus de 90°, faites deux entailles parallèles à 3-5mm (⅛-¼ po) de distance l'une de l'autre. Ôtez ensuite les deux couches entre elles pour créer une petite gouttière.

RECOUVRIR LE PANNEAU DE MOUSSE

Pour couvrir le panneau de mousse avec du papier ou du tissu, il est essentiel de s'assurer que le matériel de couverture s'ajuste bien à la charnière. Si vous collez simplement un morceau de papier au-dessus des lignes coupées, vous refermerez la coupure et il n'y aura plus de mouvement possible. Vous pourriez couper le papier tout au long de la coupure pour rattraper l'erreur, mais les côtés bruts seraient visibles lorsque l'on plierait la couverture. Il faut donc toujours bien étudier les étapes avant de commencer un projet.

RELIER LES PAGES

La plupart des pages doivent être construites avec du papier fort ou du carton léger. Choisissez une couleur qui sera appropriée à votre thème d'album. Bien sûr, le nombre de pages que vous désirez affectera la structure de votre livre – plus il y a de pages, plus fort doit être le livre. Dans nos projets, nous vous indiquons plusieurs méthodes allant de la reliure en spirale jusqu'à la couture et la reliure à anneaux. Des trous peuvent être pratiqués par un poinçon à papier ou un poinçon à cuir et les pages retenues ensemble par une vis extensible de métal, de la corde ou du ruban. Vous pouvez copier les albums de montage traditionnels qui ont une marge pliée sur le côté de la reliure de chaque page pour permettre d'exposer des photos plus épaisses. Vous pouvez également insérer une feuille de protection glassine entre les pages.

INSÉRER DES ARTICLES VOLUMINEUX ET SANS ATTACHES

Parfois, vous aimeriez inclure des articles qui ne sont pas en papier dans votre album ou vous souhaiteriez y laisser des objets sans qu'ils ne soient attachés pour pouvoir les prendre facilement.

Pour un objet petit et délicat comme un coquillage, vous pourriez découper une fenêtre dans une ou plusieurs pages, selon l'épaisseur de l'objet. Ces pages pourraient être collées ensemble pour mieux le protéger ou encore, elles peuvent être laissées libres. Les détaillants de boutique de collectionneurs ou d'artisanat ont souvent des petites pochettes de plastique qui sont conçues pour exposer des articles comme des pièces de monnaie ou des timbres.

Des dossiers du type de ceux qui contiennent des diapositives peuvent se révéler très utiles pour garder un assortiment d'objets libres. Des enveloppes, grandes ou petites, que l'on colle dans l'album peuvent servir à contenir les lettres, certificats et autres. Vous pourriez avoir besoin d'ôter la page de garde pour réduire le volume de l'album.

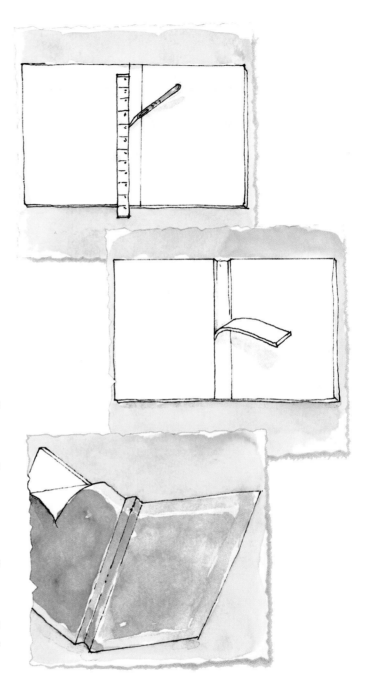

Pour faire une couverture, prenez un panneau de mousse et marquez deux lignes parallèles pour la colonne. À l'aide d'une règle de métal et d'un couteau exacto, découpez les deux parties supérieures de la couverture en laissant la troisième intacte.

Ensuite, pliez légèrement le panneau de mousse afin que les lignes de découpes s'ouvrent et ôtez les deux couches supérieures. Finalement, lorsque vous couvrirez le panneau de couverture, assurez-vous que le papier décoratif soit bien adapté à la charnière afin de permettre le mouvement.

Gestion de photos

Ne laissez pas vos photos se détériorer dans une boîte à chaussures. Classez-les et insérez-les dans des albums qui les protégeront, car il vous sera ainsi bien plus aisé de partager le plaisir qu'elles vous procurent. Voici quelques conseils pour vous aider.

SÉLECTION

Il est toujours difficile d'effectuer un choix pour savoir quelles photos sortir de nos boîtes pour mettre dans un album. La tâche sera bien plus facile si vous limitez vos albums de montage à des sujets particuliers ou à des dates spécifiques, tel que nous l'avons fait dans ce livre. Lorsque vous aurez décidé du thème abordé dans votre album, vous pourrez trier et éditer les images appropriées. Essayez de trouver un grand espace pour pouvoir les disperser devant vous. Assurez-vous de la propreté de vos mains et pour éviter les empreintes de doigts, portez des gants de coton. Choisissez les photos qui vous semblent le mieux refléter la période et les sentiments en rapport avec votre sujet. Si vous avez plusieurs images semblables, sélectionnez celles qui ont la meilleure exposition, qui sont les plus claires ou dont les visages présentent la meilleure expression.

RECADRAGE

En réalité, le recadrage commence réellement avec les yeux avant de sélectionner l'image. Décidez de ce que vous voulez vraiment avoir dans la photo et vérifiez que le tout soit bien à l'intérieur du cadre, sans trop d'informations superflues. Assurez-vous de ne pas couper la tête d'une personne ou le dessus d'un gratte-ciel, à moins que ce ne soit l'effet désiré. Nous avons tous pris des photos qui sont mal cadrées ou qui ont des arrière-plans peu intéressants. Par le recadrage, nous pouvons améliorer l'image finale.

Pour expérimenter le meilleur cadrage, vous pouvez vous fabriquer deux formes de coins en L dans du carton et les placer sur la photo pour créer un cadre mobile. Ajustez ensuite la taille de votre cadre mobile jusqu'à ce que l'image que vous voyez vous semble être bien cadrée. Faites une petite marque au crayon là où il faut couper, et utilisez les ciseaux, un couteau exacto et une règle de métal pour couper tout au long de la ligne. Si vous désirez découper vos photos en des formes particulières, comme un cœur, un ovale ou un hexagone, utilisez des pochoirs prêts à l'emploi ou encore, fabriquez vos propres pochoirs dans du carton. Dessinez autour d'un emporte-pièce à biscuits ou une autre forme, si vous le désirez. Vérifiez que la forme s'ajuste bien à la photo et convienne visuellement au sujet.

PHOTOGRAPHIER UNE SCÈNE

Il est parfois ardu de capter tout un environnement en un seul clic. Essayez de rester à la même place, marquée par de la craie ou du ruban adhésif, et bougez votre appareil-photo de façon à prendre des images qui se superposent légèrement et qui pourront être assemblées par la suite. Les coutures seront moins évidentes si vous coupez autour de formes qui se chevauchent.

PHOTOGRAPHIER UNE SÉQUENCE

Plusieurs photos peuvent être prises en succession rapide pour capturer un événement ou une ambiance. Par la suite, elles sont assemblées pour donner une impression de vie et de mouvement.

PHOTOMONTAGE

Vous pouvez créer une grande image avec plusieurs petites rassemblées. La taille n'a pas d'importance, pourvu que les pièces s'agencent bien au niveau visuel. Choisissez en premier les photos que vous désirez utiliser pour l'arrière-plan, et construisez votre montage à partir de là. Si un bord blanc apparaît sensiblement le long d'une ligne de coupe ou le long d'un côté de la forme découpée, utilisez un crayon-feutre de la même couleur

*Le recadrage commence par les yeux :
décidez quelle information vous
désirez voir dans la photo, et
éliminez tous les détails superflus
avec votre appareil-photo Si cela
n'est pas possible, vous pourrez
toujours découper vos photos
par la suite.*

que celle de l'arrière-plan afin de la fondre au décor.
Lorsque vous aurez créé un ensemble qui vous plaît,
établissez un diagramme qui vous permettra de replacer
vos photos au bon endroit quand vous devrez appliquer la
colle. Vaporisez le dos des montages photographiques avec
de la colle en vaporisateur, et disposez les images sur la
surface de montage en commençant avec l'arrière-plan.

PHOTOCOPIER

Voici un moyen peu onéreux et très efficace de
reproduire les photos, particulièrement si vous avez perdu
vos négatifs. Il vous permet également de réduire ou
d'agrandir vos photos facilement. Les techniques de
photocopie se développent et s'améliorent chaque jour, et
deviennent de moins en moins coûteuses. La plus grande
différence entre les photocopies et les photos réside dans
l'épaisseur du papier et le type de surface, soit matte ou
luisante. Cependant, il existe des types de papier pour
photos qui permettent un fini glacé. Si vous voulez
reproduire plusieurs photos en même temps, il sera plus
économique de disposer les originaux sur une feuille de
papier avant de les photocopier. Si vous désirez copier de
vieilles photos de type sépia, utilisez une photocopieuse
couleur et non une photocopieuse standard noir et blanc.

TRANSFERT DE PHOTOS

Les imprimeries et les points de services pour photocopies peuvent reproduire les photos sur du papier de
transfert, lequel peut être placé dans une presse
chauffante, ce qui appliquera l'image sur du tissu. Un
tissu propre, en coton blanc sera le meilleur choix.

LAMINAGE

Les photographies ou les photocopies peuvent être
disposées entre deux feuilles de plastique clair scellées
à la chaleur ou laminées pour plus de solidité et de
durabilité. Avant de créer votre image, renseignez-
vous auprès du détaillant au sujet des diverses
épaisseurs disponibles. Parfois, l'utilisation de
plusieurs couches peut provoquer des bulles
dans le plastique.

*Personnalisez votre
album de montage
avec une de vos
photos favorites.
L'imprimeur ou le
point de service
pour les photo-
copies peut effectuer
le transfert pour
vous. Il vous
suffira de coudre le
tissu sur le devant
du livre comme une
décoration.
Choisissez votre fil
et votre tissu en
fonction de votre
image.*

Fabriquez un grillage pour photo

La façon parfaite de garder vos photos de fête et vos cartes postales est de fabriquer un grillage. Il sera ensuite facile d'en ajouter ou d'en ôter, si vous le souhaitez.

1. Collez un carré de tissu sur la page avec de la colle.

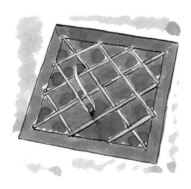

2. Entrecroisez du fil argenté ou élastique en diagonale par-dessus le matériel, en gardant une distance de 5 cm entre les croisillons.

3. Sécurisez avec du ruban adhésif de cuivre tout autour des bords du matériel et insérez vos photos ou cartes postales.

Photomontage

Si vous adorez la photographie et que vous vous retrouvez avec des montagnes de photos qui s'empilent, pourquoi ne pas les utiliser pour expérimenter le photomontage et créer de nouvelles pages excitantes pour votre album?

Le photomontage implique la manipulation des images photographiques et est une pratique aussi ancienne que la photographie elle-même. Cette forme d'art remonte au temps de l'impression directe d'objets réels tels que les feuilles, les fleurs, la double impression et finalement, le découpage et remontage des photographies. Bien sûr, il n'est pas toujours nécessaire d'utiliser vos propres photos et l'invention du photocopieur permet une infinité de manipulations d'images que vous voudrez expérimenter. Les bases du photomontage d'images dépendent de la qualité des originaux et comment ils sont utilisés.

MANIPULATION DES PHOTOGRAPHIES

En utilisant le photocopieur (soit couleur ou noir et blanc), vous pouvez agrandir, réduire, zoomer, retourner, étirer et même compresser une image. Les images peuvent être transformées en positif ou négatif, et avoir leurs couleurs altérées pour s'ajuster aux couleurs de vos arrière-plans. Une personne qui est expérimentée avec l'utilisation du photocopieur peut vous conseiller et vous montrer comment obtenir les meilleurs résultats. Planifiez votre image (de préférence, utilisez un brouillon en premier) et organisez les choses dont vous aurez besoin avant de manipuler les composantes avec un photocopieur. Ceci vous permettra de ne pas perdre votre temps et votre argent sur des copies inutilisables, parce que, par exemple, vous les avez faites de la mauvaise grandeur.

Lorsque vous aurez décidé de votre exploration photographique, vous pourrez commencer à manipuler votre image et à la découper comme bon vous semble. Avant de commencer, prévoyez les dimensions de la pièce finale et où devra être placé l'élément principal. Est-ce surtout du détail de premier plan ou y a-t-il un champ de profondeur et un sens de perspective? Vous pouvez ensuite manipuler et juxtaposer vos images pour obtenir le meilleur effet.

Archiver des photographies

Il y a de cela des années, les photographies en noir et blanc étaient les témoins des événements familiaux. Nous pouvons maintenant profiter de l'avancement technologique pour préserver nos trésors et nos souvenirs.

Si vous planifiez de ranger vos photographies dans un album sur une étagère de la bibliothèque, choisissez-en un avec une couverture solide qui pourra supporter de nombreuses manipulations. Même si l'utilisation d'une reliure à anneaux vous permet l'ajout ou la réorganisation de vos photos, ces modèles ne sont peut-être pas aussi attrayants que des albums de démonstration, qui sont normalement recouverts de tissu ou de cuir. L'album de montage est une excellente façon de ranger vos photographies et vous pouvez essayer plusieurs façons de disposer vos images, jusqu'à ce que le tout soit plaisant à voir. Une autre manière de ranger vos photos est celle de l'album à vis dont la reliure est faite de vis extensibles qui maintiennent les pages trouées en place. À moins de conserver les photos correctement, on peut craindre les dégâts et la détérioration Les albums à pages magnétiques ont tendance à pâlir et décolorer les photos, et les feuilles de plastique qui recouvrent les images peuvent les jaunir et les brunir. Il est parfois difficile d'ôter des photos qui ont été collées et la colle caoutchouc (colle contact à base de caoutchouc), en particulier, cause de la décoloration.

Cette page provenant d'un album de montage familial a été assemblée par un amoureux des chats. Les graphiques sont accompagnés visuellement par des imprimés d'étampes caoutchouc et des sequins collés. C'est un projet amusant à exécuter avec vos enfants.

Il est donc important d'utiliser de la colle spécifique aux travaux d'archives. Une réaction entre la pellicule de plastique et les photos, comme dans les albums à pochettes, est également un problème commun car le plastique ronge la photo. Vous éviterez cet ennui en utilisant des pochettes faites de polyester, de polyéthylène, de polypropylène ou de tri acétate. Certains albums de montage ont des pages de papier construction à haute teneur en acide et il est possible que vous trouviez que le papier a pâli même avant la photo. Recherchez donc plutôt des albums de montage avec du papier à faible teneur en acide.

Les conditions de rangement jouent aussi un rôle primordial dans la conservation des photos. Vous êtes sans doute au courant que le fait de ranger des photos sous la lumière directe du soleil peut causer une oxydation qui engendre des changements chimiques, alors que l'humidité et la moisissure provoquent l'apparition de champignons. Mais peut-être ne savez-vous pas que les boîtes de carton et les boîtes à chaussures relâchent des émanations gazeuses qui peuvent ternir vos photos avec le temps et qu'il vaut mieux les éviter. La piètre qualité des fibres et des additifs qui entrent dans la fabrication des enveloppes brunes produisent le même effet. Il faut également prendre soin de ne pas laisser la terre ou la poussière s'accumuler sur vos photos afin d'éviter les égratignures.

Vous devriez ranger vos photos dans une pièce où vous vivez plutôt que de les enfouir dans un grenier ou une cave. Idéalement, la température doit se situer aux alentours de 18 à 21°C (65 à 70°F). Vous verrez qu'en archivant et en rangeant vos photos correctement, elles dureront très longtemps. Souvenez-vous cependant que la photographie est un processus chimique et que les photos sont sujettes à une détérioration continue.

Des matériaux de qualité et des conditions de rangement optimales sont essentiels pour prolonger leur longévité. Du papier sans teneur en acide et du papier ligneux sont d'excellents éléments de préservation ; ils sont utilisés par la plupart des archivistes avec des films de plastique de haute qualité et autres matériaux durables. Des feuilles en noir et blanc sont idéales pour la présentation alors que du papier parchemin inséré entre les pages les protégera de la poussière et des réactions chimiques.

Lorsque vous écrivez sur les photos, limitez-vous à un crayon de plomb doux, car les pointes de feutres peuvent passer au travers et les marques faites à l'aide de crayons à bille sont aussi apparentes. Identifiez toujours vos photos par des dates, thèmes ou commentaires. Identifiez vos négatifs séparément dans une enveloppe sans teneur en acide, et rangez-les dans une boîte résistante de la taille d'une boîte à chaussures, fabriquée spécialement pour l'entreposage des photos. Emballez-les solidement afin qu'ils ne se recourbent pas.

Puisque les photographies en couleur pâlissent plus rapidement que celles en noir et blanc, vous voudrez peut-être documenter vos événements importants (comme l'arrivée d'un animal familier, un déménagement dans une nouvelle maison, un voyage spécial ou une fête) en utilisant un film noir et blanc qui fournira une banque de souvenirs durables pour les générations à venir.

Assurez-vous de ce que vous voulez écrire dans votre livre avant de commencer – une fois que vous avez fait une marque avec un crayon-feutre, vous ne pouvez plus l'effacer Souvenez-vous de ne jamais utiliser

CONCEPTION DE COUVERTURE

Vous pouvez utiliser tout ce qui vous tombe sous la main pour embellir votre album de montage ou votre dossier. Tout ce dont vous aurez besoin, c'est d'un peu d'imagination et des quelques matériaux de base suggérés au début de ce livre. En ajoutant de la texture aux papiers que vous utilisez, vos couvertures seront plus attrayantes et plus sophistiquées. Le papier fabriqué à la main et peint, les pochoirs et les gabarits sont autant d'éléments qui ajoutent une touche particulière à votre album. Les quelques pages qui suivent vous fournissent des informations utiles et des idées pour créer de belles couvertures. Des suggestions claires et pratiques sur les techniques vous aideront à explorer un éventail de possibilités de création et des conseils d'experts vous guideront au fil de vos expérimentations avec la couleur, la texture et la composition.

TEXTURES PEINTES

Utiliser la peinture sur des papiers achetés en magasin afin de créer votre propre surface ne demande que quelques outils bien simples et est facile à exécuter. Préparer vos propres papiers vous permettra d'ajouter une touche personnelle à vos couvertures et vous offrira un plus grand choix de couleurs, de textures et de finition.

N'importe quelle sorte de peinture peut être appliquée, incluant la couleur à l'eau ou à l'huile, l'acrylique, la gouache ou la peinture à affiche. L'acrylique donnera une surface plane alors que la couleur à l'eau donnera un aspect subtil et délavé. La peinture à l'huile peut être appliquée en couches plus épaisses pour un effet plus texturé. La gouache peut être utilisée comme la couleur à l'eau, mais permet une couleur plus riche et plus opaque lorsque requis. La méthode que vous utiliserez pour appliquer la peinture au papier changera les effets de votre travail. L'application des couleurs avec des brosses ou pinceaux de tailles différentes ajoutera des effets intéressants en permettant une variété de marques sur le papier. Essayez un gros pinceau de décorateur ou encore, une vieille brosse à dents, en plus de vos pinceaux habituels. À part les brosses et pinceaux usuels, il existe dans la maison un tas d'objets qui peuvent servir à appliquer la couleur sur le papier. Expérimentez avec de vieux chiffons, un peigne et même vos doigts.

Variez la proportion de peinture et d'eau lorsque vous faites vos mélanges de peinture. Un peu plus épais de peinture avec juste un peu d'eau donnera un effet plus foncé et plus épais, alors que peu de peinture avec beaucoup d'eau offrira un aspect plus pâle et plus délavé.

Effets de peinture en dégradé

Des effets de dégradé peuvent être obtenus en utilisant plus d'eau lorsque vous peignez votre feuille de papier. Commencez avec une couleur à l'eau épaisse (un peu d'eau et beaucoup de pigments) et à mesure que vous peignez votre page, ajoutez de l'eau à votre mélange de peinture. De cette façon, la dernière portion de votre page aura un aspect plus délavé et plus clair que la portion du haut. Cet effet peut également servir pour passer d'une couleur à l'autre Mélangez deux couleurs : par exemple, l'orange et le rouge. Commencez avec l'orange. Lorsque vous aurez peint la moitié du papier, ajoutez un peu de rouge et fondez les couleurs ensemble avec de l'eau. Continuez ensuite avec seulement le rouge jusqu'à la fin du papier.

Gardez un pot d'eau à proximité lorsque vous mélangez vos couleurs et changez l'eau régulièrement pour ne pas les altérer.

Marques de pinceau

La quantité d'eau utilisée lorsque vous peignez en laissant des marques de pinceau peut aussi en altérer les effets. L'utilisation de très peu d'eau provoquera des marques plus définies, tandis qu'ajouter plus d'eau égalisera les marques et donnera un effet délavé. La technique ci-dessous illustre comment faire des marques définies et comment les éliminer.

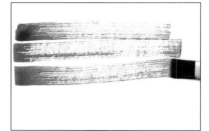

1. En utilisant une peinture qui a une consistance crémeuse, peignez de larges bandes d'un côté à l'autre de la feuille de papier. Le pinceau doit être assez trempé pour étendre la peinture sur la page et laisser des marques définies.

2. Ajoutez un peu d'eau à la peinture et mouillez complètement votre pinceau. En commençant au début de la page, promenez votre pinceau plusieurs fois. La peinture maintenant délavée devrait éliminer les marques séchées de l'endroit.

3. La peinture peut arborer les marques de pinceau ou elle peut être recouverte pour produire un effet plus délavé et plus doux.

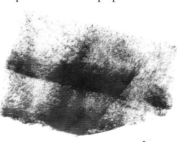

GAUCHE : *Une variété de textures différentes pourra être obtenue en peignant avec vos doigts ou avec un rouleau en mousse trempé dans la peinture ou encore, en donnant un effet de vagues avec un peigne couvert de peinture.*

EFFET MARBRÉ

Dans le monde du papier et du papier d'art, l'effet marbré (ou le japonais «suminagashi») est sans aucun doute la technique la plus fascinante. Elle est tellement simple que n'importe qui peut obtenir des résultats satisfaisants. Basée sur le principe que l'huile et l'eau ne se mêlent pas, la technique du marbré consiste à laisser flotter quelques gouttes d'huile de couleurs différentes à la surface de l'eau. La couleur peut être travaillée pour réaliser des motifs ou laissée à telle quelle, formant alors des volutes. Une feuille de papier est ensuite déposée sur la surface et ôtée lentement avec soin pour révéler les motifs de couleurs. De magnifiques livres ont été recouverts par du papier marbré et voici un guide facile afin de vous aidez dans vos débuts.

1. Remplissez un contenant avec 5 – 7 cm (2 – 3 po) d'eau. Déposez une goutte d'encre à marbrer sur l'eau. Quelques ensembles sont munis d'un petit point de papier buvard pour disperser les encres.

2. Appliquez une goutte de chaque couleur à la première et regardez-les s'étendre sur la surface. Si vous utilisez des peintures à l'huile diluées avec un diluant à base de minéraux, utilisez une brosse à dents ou une spatule pour étendre la couleur sur la surface de l'eau.

3. Prenez un cure-dents ou un bâtonnet effilé et étirez doucement les couleurs. Ici, une fine dent de peigne attachée à une agrafe est utilisée pour étirer la couleur encore un peu. Évitez de trop remuer l'encre car elle se mêlerait à l'eau trop rapidement en créant un aspect plutôt boueux.

4. Laissez descendre doucement la feuille de papier abaca sous la surface de l'eau.

5. Si vous tenez la feuille de papier abaca aux coins opposés en diagonale dans l'eau, vous aurez un meilleur contrôle. Laissez le papier rouler doucement sous l'eau.

6. Levez la feuille par les coins, en un mouvement sans heurt, pour la sortir du contenant et étendez-la, motif sur le dessus, sur une feuille de papier journal pour le séchage.

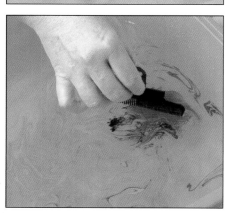

PLIER ET TREMPER

Cette variante de la technique «tie-dye», si populaire dans les années 60, utilise du papier au lieu du tissu, et ressemble un peu à celle de l'art japonais du «shibori-zome», qui combine les nœuds et la teinture pour créer de jolis motifs. Cette version simplifiée utilise du papier abaca car il est suffisamment fort pour supporter les diverses manipulations nécessaires. Pour de plus beaux effets, prenez une feuille qui a été froissée et séchée.

1. Commencez avec une feuille humide pour des plis mieux dessinés afin que la teinture s'étende mieux. Vous pouvez vaporiser de l'eau sur la feuille sèche pour l'humidifier.

2. Pliez la feuille d'abaca humide en exécutant un pli.

3. Utilisez un lissoir en os pour lisser les bords. Si c'est impossible, utilisez un manche de cuillère ou un autre outil muni d'un bord non tranchant, qui pourra lisser le papier sans le déchirer.

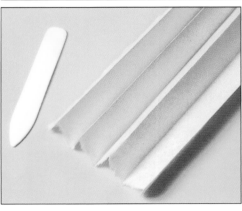

4. Faites des plis d'environ 2 cm (⅞ po) de large. Vous pouvez expérimenter des plis de taille plus petite ou plus grande pour créer des motifs plus compliqués ou plus intéressants.

5. En commençant par un côté de l'éventail plié, retournez le bout en triangle et lissez avec le lissoir.

6. Pliez le triangle sur lui-même et continuez ainsi jusqu'à la fin.

7. Lorsque tout ce qu'il vous reste est un petit tas en forme de triangle, utilisez une pince pour le maintenir fermement en exposant l'un des coins.

8. Trempez le coin du triangle maintenu par la pince dans une première couleur d'encre et par la suite, dans une seconde couleur. Répétez avec les deux autres coins en changeant la pince de place pour permettre l'opération.

9. Laissez sécher à l'air pendant une nuit. Ouvrez l'abaca plié afin de voir le kaléidoscope de couleurs et de motifs.

FINI TEXTURÉ EN UTILISANT UNE BROSSE À DENTS

Peignez une feuille de papier avec une couleur de base. Préparez une peinture pour avoir une consistance d'eau. Trempez la brosse à dents dans la peinture et en la tenant éloignée de vous, pointez-là au-dessus du papier peint. Utilisez votre index pour glisser le long des soies et éclabousser le papier avec la peinture. Vous pourriez également utiliser une autre couleur et exécuter le même travail.

Un effet plus prononcé peut être obtenu en tapotant la brosse ou en la secouant de haut en bas au-dessus du papier.

GAUCHE : *La couverture de cet album de montage a été exécutée en papier marbré (voir détails page 35).*

MOTIF RÉPÉTITIF

Les motifs répétitifs sont particulièrement adaptés pour travailler avec le collage. Des feuilles de motifs peuvent être utilisées comme arrière-plans ou déchirées en fragments.

Une des méthodes les plus faciles pour exécuter des motifs au hasard est d'utiliser une pomme de terre comme tampon d'impression.

Coupez soigneusement une pomme de terre en deux parties. Sculptez un motif dans la surface de la pomme de terre, assurez-vous de bien détacher tous les morceaux qui ne doivent pas y être. Préparez une peinture de consistance assez épaisse et appliquez-la sur la pomme de terre en utilisant une éponge. Essayez l'impression sur du papier brouillon. Imprimez au hasard sur toute la page. Quand la peinture est sèche, vous pouvez éventuellement imprimer à nouveau avec une autre couleur.

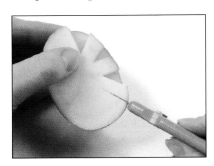

1. Coupez soigneusement une grosse pomme de terre en deux. Pressez la partie coupée sur du papier essuie-tout pour en extraire l'excès d'humidité. Avec un outil à découper, taillez soigneusement une forme simple dans le bord coupé de la pomme de terre. Le motif doit avoir une surface plane pour pouvoir imprimer de façon égale. Détachez tout ce qui est en excès autour de la forme.

3. Lorsque vous effectuez une répétition du motif, réappliquez souvent de la peinture sur la forme sculptée. Vous pourriez aussi essayer de voir où vous voulez placer vos impressions en expérimentant d'abord sur un brouillon.

Considérez soigneusement le choix de votre papier pour vos arrière-plans. On peut obtenir de très beaux effets en imprimant sur du papier aluminium, des acétates clairs, du papier construction et même du papier calque.

2. Préparez la peinture pour obtenir une consistance douce et épaisse. Utilisez une éponge pour couvrir de peinture la forme sculptée. Pressez-la fermement sur le papier. Prenez soin de ne pas la remuer car cela brouillerait l'image.

AJOUT DE LA COULEUR

Une façon de donner une approche plus personnelle à votre travail est d'appliquer de la couleur sur une surface en noir et blanc. Des images très ordinaires peuvent être transformées en éléments personnalisés et figurer sur vos couvertures d'albums de montage. Votre choix de couleurs révèlera bien plus votre propre style que du papier ou des matériaux achetés.

Le choix de couleurs à appliquer sur des images en noir et blanc va dépendre du sujet de l'image. Avant d'utiliser n'importe quelle couleur, faites des essais jusqu'à ce que vous trouviez une combinaison qui vous semble réellement adaptée à votre image. Demandez-vous si vous désirez que votre image ait un air réaliste. Une palette de couleurs inattendues peut avoir des effets très originaux sur le travail fini. Il y a d'autres moyens également pour colorer des images en noir et blanc. Essayez de la craie étalée avec de la colle sur un papier journal, de la peinture à l'huile étalée sur une photocopie et des crayons-feutres sur des photos.

AJOUT DE COULEUR SUR DU PAPIER JOURNAL

1. Lissez soigneusement une feuille de papier journal. Préparez la peinture pour obtenir une consistance moyennement laiteuse. Utilisez un pinceau plat et en un mouvement de balayage, couvrez le papier journal de peinture.

2. Ne laissez aucun endroit sans peinture et recouvrez toutes les surfaces de la feuille. Agitez doucement le papier d'un côté à l'autre pour étendre l'effet de la peinture. Asséchez la feuille avec du papier essuie-tout pour ôter l'excès d'eau. Ceci laisse une texture intéressante à la surface.

3. Déchirez les motifs et les écrits du papier journal peint. Ignorez le texte et les images, utilisez-les uniquement comme effet de texture.

AJOUT DE COULEUR AUX PHOTOCOPIES

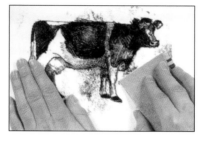

1. Prenez une photocopie en noir et blanc de bonne qualité de votre dessin et sablez légèrement la surface de l'image avec un papier d'émeri.

2. Préparez une peinture avec beaucoup d'eau et commencez à peindre les lignes sur le pourtour de votre dessin. Continuez de peindre tout autour de votre sujet comme s'il y avait un arrière-plan coloré.

3. Sur l'image finale, les côtés non peints de la photocopie ont été déchirés.

4. Vous pouvez essayer de peindre d'étranges couleurs sur la photocopie entière pour donner à l'image un effet un peu excentrique.

Fabrication des coins et finitions des côtés

Les papiers couvertures et les chiffons sont coupés de façon à dépasser de 2 cm (¾ po) les bords du panneau à couvrir. Cette partie s'appelle le rebord. Avant que le matériel de couverture ne soit plié en rebords, ses coins doivent être taillés. L'angle de coupe et la distance du bord du panneau sont importants.

Appliquez l'adhésif sur le matériel de couverture et pressez le panneau pour le positionner. Taillez les coins en angles de 45°. La distance entre le bout du panneau et cette coupe devrait être 1½ fois l'épaisseur du panneau. Si vous coupez trop près, le bord du panneau sera visible et si vous coupez trop loin, le coin sera mal ajusté. Après avoir coupé tous les coins, réappliquez l'adhésif sur les rebords, si nécessaire.

En prenant le rebord par les deux bouts, ramenez-le sur le panneau. En premier, utilisez votre lissoir pour plier le matériel sur le bord du panneau. En second, lissez le matériel sur le panneau en prenant soin d'ôter toutes les bulles d'air de la surface du matériel. Utilisez le plat de votre ongle de pouce pour presser le petit triangle de matériel dans les coins. Pressez fermement afin que le matériel épouse bien la forme du coin. Avec votre lissoir, tapotez légèrement tous les coins pour éliminer toutes pointes ou fils qui dépassent.

COINS ALTERNÉS POUR PAPIERS FRAGILES

À utiliser lorsque les papiers fins, humides ou fragiles ont tendance à déchirer. On recommande un coin universel ou coin de librairie qui ne requiert pas de taille. Ce traitement est inapproprié pour les papiers forts ou les tissus, le résultat serait un coin trop volumineux. Après avoir encollé le papier et centré le panneau dessus, pliez un coin en triangle sur le panneau. Avec votre lissoir, moulez le papier sur l'épaisseur du panneau, des deux côtés (au-dessus et sur le côté). Pressez fermement le morceau restant (le côté droit du papier) sur le dessous du rebord. Répétez ainsi pour tous les coins. Avec votre doigt, appliquez un point de colle sur les rebords, près des coins. Complétez les rebords tel que décrit ci-dessus. Cette manière de couvrir les coins permet des coins légèrement arrondis.

POUR LES PAPIERS FRAGILES

Utiliser les objets trouvés

Ce qui est le plus stimulant dans la conception de couvertures exécutées à partir d'objets trouvés est le fait qu'il existe une grande variété de matériaux que l'on peut choisir – les possibilités créatives sont illimitées.

L'un des plus grands plaisirs est celui de reconnaître le potentiel des objets qui nous entourent et font partie de notre vie de tous les jours afin de bâtir une collection de matériaux qui peuvent être utilisés sur les couvertures de vos albums de montage. Ces matériaux proviennent de la campagne, du jardin, des rues, de la plage ou de la maison – où que vous soyez, il y aura des objets à découvrir et à collectionner.

Collectionner et recycler des objets peut être créatif en soi. C'est très satisfaisant de savoir qu'une vieille radio jetée aux rebuts peut être démontée et ses pièces utilisées pour faire de nouveaux objets. Lorsque vos amis sauront ce que vous faites, ils partageront votre enthousiasme et vous apporteront des enveloppes ou des boîtes pleines de petits objets qu'ils ont eux-mêmes trouvés. L'idée de toujours avoir un sac propre, une petite boîte ou du papier essuie-tout avec vous est excellente, car vous pourrez y placer les objets intéressants ensemble, en sécurité, jusqu'à ce que vous soyez à la maison et que vous puissiez les ajouter à votre collection.

OBJETS ALTÉRÉS

Les objets trouvés peuvent être utilisés tels quels ou encore, ils peuvent être modifiés pour créer des formes nouvelles et uniques. Par exemple, les coquillages, les fragments d'os, les panneaux de circuits et les objets fragiles peuvent être brisés avec des pinces; du papier peut être coupé, déchiré, froissé et plié, alors que les feuilles sèches et les tissus peuvent aussi être coupés ou déchirés pour n'importe quelle forme.

TONS ET COULEURS

En utilisant les tons et les couleurs des objets faisant partie de votre collection, vous pouvez produire un large éventail d'effets. Les objets de ton pâle ressortiront mieux s'ils sont exposés sur un fond foncé et les objets de ton foncé sur un fond pâle. Pour expérimenter des effets plus subtils, essayez d'utiliser des objets de tons similaires mais de couleurs différentes, par exemple, des baies rouges sur une surface vert foncé. La froideur des objets métalliques peut être adoucie lorsqu'elle est utilisée avec des rouges et oranges chauds.

Il est aussi possible de transformer des objets inintéressants en les peignant avec de la peinture acrylique, qui sèche beaucoup plus rapidement que de la peinture à l'huile. Cherchez ces objets dans votre collection et essayez d'enjoliver quelques-uns des moins intéressants avec des couleurs vibrantes.

Les fils, qui sont disponibles dans une grande variété de couleurs et d'épaisseurs, peuvent être tordus en des formes diverses et coupés pour s'ajuster à un espace particulier.

Fabriquer une couverture souple

Votre choix de méthode de reliure devra se faire en fonction du type de couverture (souple ou rigide) que vous utiliserez. Quelques méthodes de reliure conviennent mieux aux couvertures souples, comme le point de boutonnière. D'autres conviennent aux deux types de couvertures, comme la reliure japonaise ou la méthode « stab binding ».

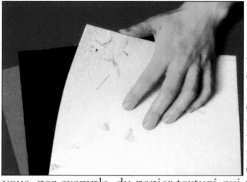

1. Choisissez votre papier de couverture. Le papier de type carte est excellent pour une couverture souple. Il y a plusieurs options qui s'offrent à vous, par exemple, du papier texturé qui provient de marchands spécialisés en papiers d'art, du papier fort fabriqué à la main, qui est obtenu en ajoutant plus de pulpe à la cuve pour en ressortir des feuilles plus épaisses, et du carton ondulé avec une cannelure exposée, disponible en une variété de motifs cannelés et de couleurs.

2. Pour préparer une couverture souple pour votre album de montage, vous devez premièrement mesurer la dimension des pages internes.

3. Marquez les dimensions sur le papier de couverture. Sélectionnez un papier suffisamment flexible pour pouvoir se plier mais assez fort pour résister à l'utilisation.

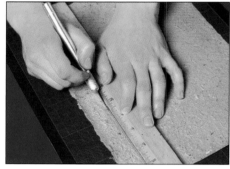

4. Avec un couteau exacto et une règle munie d'un côté métallique, tranchez le papier selon les dimensions indiquées.

5. Une fois le papier tranché, la couverture sera pliée, la section du contenu sera cousue ou collée. Marquez la ligne sur la couverture pour créer la pliure.

6. Pliez en suivant la ligne de pliure. Cette couverture est maintenant prête à être cousue à vos pages internes.

Fabriquer une couverture rigide

Avant d'exécuter une couverture rigide, pensez à quel message vous voulez transmettre. Une couverture rigide implique une apparence plus formelle qu'une couverture souple. Elle protège les pages internes délicates et aide à garder le livre fermé. Les couvertures rigides seront donc plus adéquates pour un album de montage qui contient beaucoup de pages.

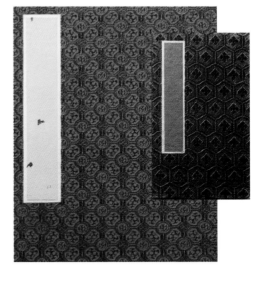

1. Utilisez un couteau exacto et une règle munie d'un côté métallique, coupez le panneau épais de reliure en trois parties : le panneau du dos, qui mesure 12 x 18 cm (6 x 7 po), le panneau avant, qui mesure 12 x 14 cm (5 x 5½ po) et un excart avant mesurant 12 x 2,5 cm (5 x 1 po). Avec une règle munie d'un côté métallique, tranchez le panneau pour le dos. Tranchez ensuite le panneau de devant et l'excart pour s'ajuster au bloc de texte.

2. Placez une feuille d'abaca naturel pour couvrir la surface du travail, face en dessous. Placez le panneau du dos sur le papier et dessinez le contour avec un crayon. Ce marquage vous guidera pour positionner le panneau de devant et l'excart. Tranchez l'excédent de papier en laissant 2,5 – 5 cm (1 – 2 po) autour du bord de la marque de la couverture.

4. Appliquez de la colle à la farine de blé sur le papier de couverture abaca naturel en l'étendant depuis le centre du papier jusqu'aux extrémités.

3. Exercez-vous à bien positionner le panneau avant et l'excart en plaçant le panneau avant en premier sur le papier. Placez-le à l'intérieur des marques tracées sur la couverture du dos et ajustez-le sur la droite. Ajustez maintenant l'excart sur la gauche. Il devrait y avoir un espace de plus ou moins 1,5 cm (½ po) entre le panneau avant et l'excart. Cet espace deviendra, plus tard, la charnière du livre.

5. Placez précautionneusement le panneau avant sur le papier encollé.

6. Placez l'excart sur le papier encollé.

7. Retournez la pièce et lissez-la avec un rouleau en partant du centre de la couverture jusqu'aux extrémités. Continuez jusqu'à ce qu'il n'y ait plus de bulles ou de froissements sur le papier.

8. Avec les panneaux faces au-dessus, appliquez la colle de farine de blé sur les côtés et les coins du papier.

9. Façonnez les coins en pliant chacun à un angle de 45°.

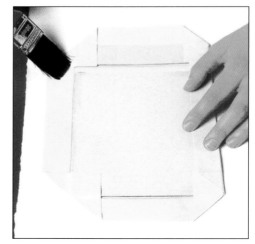

10. Appliquez de la colle sur les bords du papier de couverture.

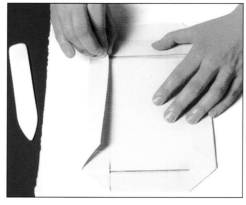

11. Utilisez un lissoir pour bien envelopper le papier autour des bords, tirez le papier tendu et lissez-le sur l'arrière de la couverture.

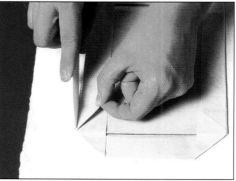

12. Pliez le côté de l'excart vers le centre et lissez le côté avec le lissoir.

13. Utilisez un abaca de couleur vert mousse pour le coller sur l'intérieur de la couverture. Coupez le papier pour couvrir presque toute la surface de l'intérieur de la couverture en laissant une marge de 6 – 12 mm (¼ - ½ po). Étalez la colle sur le papier.

16. Placez la couverture humide entre des feuilles de papier ciré et des panneaux plats. Ajoutez des briques pour faire du poids et laissez-la reposer pendant 24 heures.

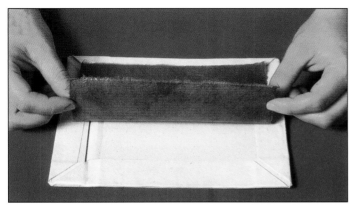

14. Positionnez le papier sur le dos de la couverture.

15. Utilisez un rouleau pour adoucir la surface du papier en le roulant depuis le centre vers les extrémités.

Vous pouvez utiliser la couverture rigide pour confectionner un livre avec une reliure «stab-bound» telle que celle-ci.

Fabriquer une couverture en tissu

Cet album recouvert de tissu est vraiment inhabituel et pourrait certainement devenir un cadeau très personnel. Pour cette couverture spéciale, on a utilisé un concept Terra, mais vous pouvez en choisir un qui reflète le contenu de votre livre.

1. Coupez deux morceaux de panneaux épais de 17 cm (6½ po) carrés et collez-les ensemble avec du ruban à masquer. Assurez-vous qu'ils peuvent plier aisément.

2. Avec du papier fabriqué à la main, recouvrez l'extérieur de la couverture de carton. Coupez six longueurs de ruban adhésif collant des deux côtés, chacune d'à peu près 12 cm (5 po) de long. Posez les bandes à proximité des bords du carton de couverture, pliez les bords et collez-les à l'aide du ruban adhésif double face.

3. Retournez les coins par un pli ferme. Lorsque vous voyez que les coins peuvent ouvrir et fermer facilement, repliez les côtés les plus courts et pressez-les fermement sur le bord collant du ruban adhésif.

4. Déchirez une feuille de papier pour la peinture à l'eau et taillez 4 ou 5 rectangles de 15 x 30 cm (6 x 12 po) chacun. Si vous imprimez le pli au papier auparavant, il devrait se déchirer facilement. Pliez ces rectangles en deux pour former des pages. Avec un fil blanc assez fort, cousez-les ensemble, le long du pli, par trois points larges.

5. Utilisez des longueurs de ruban adhésif double face collées sur les deux pages de papier pour peinture à l'eau et collez les pages à l'intérieur de la couverture du livre. Encore une fois, ne les collez pas fermement à moins d'être certains que le livre pourra ouvrir et fermer convenablement.

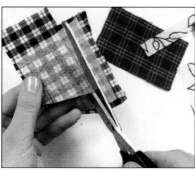

6. Sélectionnez et coupez les tissus 11 x 14 cm (4¼ x 5½ po) pour former la base de l'appliqué. Vous aurez besoin d'une pièce de coton brun et une autre un peu plus large de coton à carreaux, avec les bords crantés. Souvenez-vous que le tissu doit s'ajuster à la couverture du livre en laissant visible la bordure du papier fabriqué à la main.

7. Sélectionnez le tissu pour les fleurs, les tiges, le pot et les autres formes. Utilisez du papier à fusionner (transfert) au fer en le repassant à l'envers de la pièce. Avec un crayon, dessinez les formes sur le derrière du tissu fusionné et coupez-les.

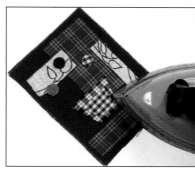

8. Lorsque toutes les pièces sont découpées, ôtez la pellicule du papier transfert et positionnez vos pièces sur l'arrière-plan de tissu brun. Assurez-vous que l'endroit est bien sur le dessus et pressez doucement avec le fer afin que la toile collante adhère bien à l'arrière-plan pour maintenir les formes en position.

9. Sécurisez quelques-unes des pièces avec quelques petits points. D'autres pièces peuvent être cousues avec des points plus larges et du fil à broder. Pour obtenir des éléments supplémentaires, utilisez ce fil pour coudre avec des points larges et inégaux sur la pièce.

10. Placez du ruban adhésif double face sur l'envers du centre et des bords de l'image. Posez soigneusement l'image dans le centre de l'arrière-plan du tissu à carreaux et collez-le fermement. Collez du ruban adhésif double face le long des bords du tissu à carreaux. Tenez la pièce terminée au-dessus de la couverture du livre jusqu'à ce qu'elle soit à la bonne position et ensuite, pressez fermement pour qu'elle adhère bien.

Teindre et peindre un tissu

Même si de nos jours il existe un grand choix de tissus, votre album sera plus original encore si vous le teignez et le décorez. Ce sera, de plus, beaucoup plus amusant.

Certains tissus ne retiennent pas la teinture mais pour d'autres, comme le coton, la soie ou les lins, c'est un procédé idéal. Il n'y a pas de limites aux différents effets que vous pouvez produire et les techniques s'étendent de la plus simple à la plus compliquée.

AJOUTER LA COULEUR ET LE MOTIF

Les tissus qui sont teints, ou auxquels on ajoute des motifs, n'ont pas besoin d'être blancs au départ. D'excellents résultats sont souvent obtenus par la teinture de matériel qui a déjà des motifs, comme les « ginghams » ou les petits motifs floraux ou encore, ceux travaillés par-dessus un tissu qui a déjà été teint. L'avantage de teindre et décorer les tissus vous-même est d'obtenir la couleur exacte et les motifs que vous désirez pour harmoniser et assortir les styles. Cela produit un résultat unique ! Quelle que soit la technique que vous employez, utilisez votre imagination. N'ayez pas peur d'expérimenter jusqu'à ce que vous obteniez le résultat que vous désirez vraiment.

TEINDRE

La teinture des tissus à la maison n'a jamais été aussi facile. Les teintures pour tissus sont disponibles, prêtes à l'emploi, dans un grand choix de couleurs, et elles sont généralement très simples d'utiliser. Les couleurs peuvent être mélangées ensemble pour varier les tons. L'expérimentation est vraiment la clé de cette étape.

La teinture à nœuds est vraiment une technique simple et produit de très beaux résultats. La soie et le coton léger sont les plus faciles à teindre avec la technique des nœuds et c'est souvent celle qui fonctionne le mieux. Il y a plusieurs méthodes de teinture à nœuds : une fois que vous aurez confiance dans les techniques de base, vous pourrez expérimenter et trouver vos propres méthodes.

L'ART DU BATIK

Le batik est une technique très utile mais la nécessité d'avoir un poêlon spécial pour la cire peut en augmenter les coûts. Le poêlon fait fondre la cire de façon à ce que l'on puisse l'utiliser pour dessiner des motifs sur le tissu en utilisant un outil appelé : tjanting. La cire fondue est retenue dans le bol du tjanting et s'écoule à travers un petit trou pratiqué dans le bec verseur.

La cire refroidit dans le tissu ; elle prévient les teintures de pénétrer et de colorer le tissu autour et de s'étendre à d'autres endroits, en laissant le reste du tissu disponible à la teinture. La cire sera ôtée en repassant entre des feuilles de papier journal.

DESSINER AVEC LES TEINTURES

Une autre méthode pour avoir des motifs sur le tissu, et elle n'est pas coûteuse, c'est de dessiner directement sur le tissu en utilisant des peintures et des stylos pour le tissu et la soie. Lorsque vous utilisez de la peinture à soie, vous devrez auparavant utiliser une substance qu'on appelle « gutta » pour dessiner les motifs. Le « gutta » est généralement vendu dans un tube prêt à l'emploi et fonctionne de façon similaire à celle du batik, en empêchant les teintures de se mêler ensemble. Les teintures peuvent être des peintures spéciales pour la soie ou des teintures ordinaires pour tissu. Le colorant alimentaire donne également de bons résultats mais les couleurs ne sont pas grand teint, donc l'objet ne peut être lavé.

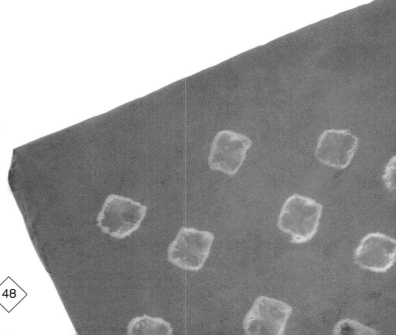

TECHNIQUE DU BATIK

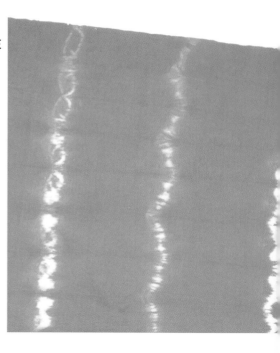

1. Lorsque vous aurez épinglé votre tissu sur un cadre, utilisez le tjanting pour prendre la cire dans le poêlon. Il pourrait être utile d'avoir du papier essuie-tout ou du papier journal à portée de main pour essuyer le bec afin d'éviter l'écoulement pendant que vous le transportez au-dessus du tissu. Alors que la cire est encore très chaude, dessinez les motifs sur le tissu avec le tjanting.

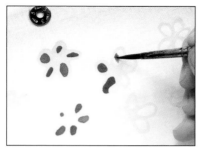

2. Une fois que la cire est sèche, le tissu peut être peint. Tamponnez doucement le pinceau sur le tissu en laissant la teinture s'étendre aux bords de la cire.

Lorsque vous utilisez des teintures achetées dans le commerce, il est important de bien lire les instructions. Couvrez toujours votre surface de travail et vos propres vêtements pour ne teindre que ce que vous désirez vraiment ! Comme la teinture peut également teindre et irriter la peau, il est important de porter des gants de caoutchouc.

3. L'arrière-plan peut être peint de la même façon, en utilisant un pinceau plus épais. Des tons inégaux donneront au tissu une texture intéressante.

4. Lorsque la teinture est sèche, détachez le tissu du cadre et placez-le entre plusieurs feuilles de papier journal. Passez doucement un fer chaud sur le papier journal pour faire fondre la cire du tissu.

Lorsque toute la cire aura été fondue et absorbée par le papier journal, le tissu sera à nouveau doux et prêt à l'emploi.

NOS ENFANTS – LA CROISSANCE

Nous avons tendance à garder toutes nos photographies dans un album de famille général, et à mesure que nos enfants grandissent, les albums se gonflent d'un mélange de notes imagées. Le temps est peut-être venu de prendre tout ce fatras et de sélectionner vos photos préférées afin de les insérer dans un album de montage spécial. Vous pouvez réorganiser votre collection pour créer des livres qui couvrent des périodes et des thèmes facilement identifiables. Vous pouvez aussi construire une boîte à souvenirs de bébé qui peut contenir non seulement des photos, mais aussi tous les petits trésors que vous chérissez, comme une mèche de cheveux ou un premier chausson. Pensez également à élaborer un album de montage spécialement dédié aux années d'école de votre enfant. Vous pourrez les fabriquer pour votre famille ou encore, les donner en cadeau à vos amis.

Le baptême de bébé

Souvenez-vous de ce moment particulier de la vie de votre bébé grâce à un livre où vos invités pourront laisser leurs impressions sur cet instant précieux et fornuler leurs souhaits pour votre enfant. Une magnifique couverture de soie brute brodée de rubans de soie enveloppant un livre blanc en fait un trésor en soi, aussi bien que son contenu. Vous pourriez, bien sûr, créer votre propre concept de couverture ou tracer un monogramme. Vous pouvez aussi y inclure la date de naissance de votre enfant.

VOUS AUREZ BESOIN

Des pages blanches à recouvrir

De la soie brute ou autre tissu

Du ruban à broder de soie

1 carte de chaque de :

1,3 mm (1/16 po) rose

2,5 mm (1/8 po) crème

5 mm (1/4 po) rose

5 mm (1/4 po) crème

D'un cordonnet de soie ou de fil à broder

Du fil de même ton que les rubans

D'une aiguille à broder pour rubans (type chenille)

D'une craie de tailleur

D'épingles

De papier à tracer

D'un crayon

De 4 petits boutons de perle

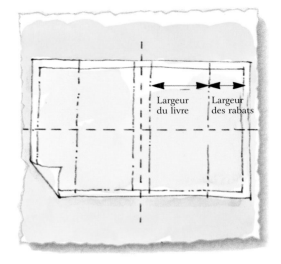

Largeur du livre   Largeur des rabats

1. Mesurez le livre en allouant l'espace pour les rabats et l'épine de couverture (dos reliant les deux plats). Laissez 2,5 cm (1 po) sur le pourtour pour les coutures. Marquez le tissu tel qu'indiqué pour vous aider à positionner les points.

2. Dessinez vos motifs sur du papier à tracer. Vous pouvez agrandir celui que vous voyez ici ou utilisez le vôtre. Pour transférer le motif sur le tissu, piquez votre motif avec une aiguille et marquez les trous en passant une craie de tailleur sur le motif piqué.

3. Utilisez 3 brins de fil de soie à broder, et travaillez les tiges et les feuilles avec le point de tige (sur la gauche) et le point d'épine (sur la droite).

4. Pour créer des points de nœuds français, utilisez un fil à trois brins et enveloppez-le autour de l'aiguille 3 fois. Travaillez le point de nœud français au ruban en utilisant le ruban rose de 1,3 mm (¹⁄₁₆ po) en le tournant autour de l'aiguille deux fois seulement.

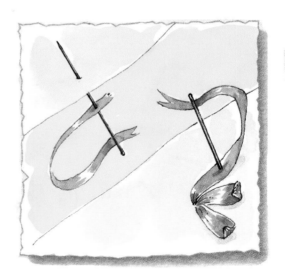

5. Pour faire des roses en ruban, coupez des longueurs de 35 cm (14 po) dans le ruban de 5 mm (¼ po) pour les plus grosses, et des longueurs de 25 cm (10 po) pour les petites. Utilisez du fil de même couleur que les rubans et cousez de grandes et petites étoiles, comme indiqué. Passez une longueur de ruban au centre de chaque étoile et tissez-le à travers les points de l'étoile, un dessus, un dessous, comme un panier. Quand la rose est complétée, attachez-là et terminez à l'arrière.

6. Pour faire des pétales de fleurs, passez votre aiguille au bout du ruban et dans le tissu en formant un nœud sur l'envers. Ensuite, une fois sur l'endroit, laissez une longueur pour le pétale et ramenez l'aiguille à travers le bout du pétale en guidant le ruban avec votre pouce pour qu'il soit bien en place. Fixez un petit bouton de perle au centre de chaque fleur en utilisant deux points à travers le tissu et en exécutant un nœud à l'envers pour maintenir le bouton de perle à sa place.

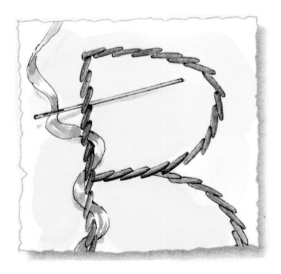

7. Brodez d'abord la lettre de votre choix en point de tige. Passez ensuite le ruban en le tissant à travers les points et en le tirant doucement.

8. Lorsque la broderie est terminée, pliez le tissu endroit sur endroit et bâtissez deux parties. Retournez à l'endroit et vérifiez les positions, en ajustant si nécessaire. Retournez à nouveau et cousez les deux parties.

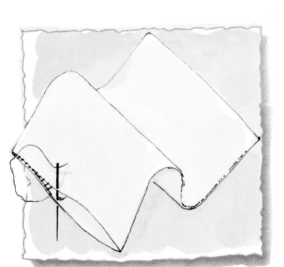

9. Retournez le morceau à l'endroit et égalisez les coins,. Épinglez l'espace de l'ourlet du bout ouvert et cousez en points cachés pour le tenir en place.

10. Finalement, ajustez la couverture sur les pages blanches de votre livre et pliez les bouts pour former des rabats (poches). Assurez-vous que ce soit assez flexible pour permettre au livre de fermer et d'ouvrir sans difficulté, et cousez en points cachés pour maintenir le tout en place.

Utilisez votre propre papier fabriqué à la main pour rendre votre album de baptême encore plus spécial. Vous pouvez également ajouter des petites pochettes afin d'y insérer les petits objets que vous voulez garder.

Livre de bébé

Voici un livre spécial pour garder tous les souvenirs et les moments précieux afin qu'un jour, vous puissiez le remettre à votre enfant devenu grand. La fermeture à languette unique assure la protection des pages à l'intérieur. Ornez la couverture avant avec un objet en papier moulé pour personnaliser votre album de montage..

VOUS AUREZ BESOIN

De 7 feuilles de papier fait à la machine
15 x 42 cm (6 x 16½ po)

D'un lissoir en os ou ivoire

D'un feuille de papier carton violette, fabriquée à la machine
15 x 51 cm (6 x 20 po)

D'un crayon

D'une règle

D'une règle d'aluminium

D'un couteau exacto

D'une aiguille à reliure

Du fil à broder ciré violet
1½ m (5 pi) de long

De colle blanche

D'un papillon en papier moulé

D'un ensemble de fermetures en velcro

Les plis «concertina» consistent en pics et creux. Vous pouvez relier votre livre en pics ou en creux, selon l'effet que vous désirez lui donner. Ce projet relie les pages en creux. Si vous essayez de le relier en pics, assurez-vous d'agrandir les panneaux avant et arrière pour vous ajuster à ce changement.

Vous pourriez fabriquer ce livre pour une amie afin qu'elle y garde ses souvenirs des premières années de son nouveau-né. Personnalisez la couverture avec un ornement en papier moulé ou une photographie montée sur du papier à bordures décoratives fait à la main.

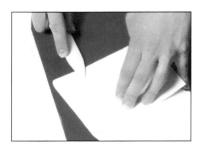

1. Pliez une feuille de papier blanc fabriqué à la machine en deux moitiés sur la largeur, et utilisez un lissoir pour affermir le pli. Ouvrez la feuille et pliez-la en quart de feuille en ramenant chaque bout vers le centre. Pliez la feuille en deux moitiés et laissez-la de côté. Pliez les autres feuilles de la même façon.

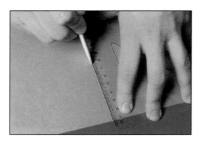

2. Prenez une feuille déjà pliée et placez-la au-dessus d'une feuille violette de papier carton. Marquez le côté droit de la feuille sur le papier carton avec un crayon.

3. Faites 14 marques additionnelles à la droite de cette marque sur le papier carton, chacune à une distance de 8 mm (⅜ po) d'un bout à l'autre de la couverture. Avec une règle et le lissoir, marquez les traits en appuyant le lissoir sur les 15 marques.

4. Pliez soigneusement le papier carton aux marques en alternant la pliure en dedans et en dehors pour créer le pli accordéon (concertina) de la couverture.

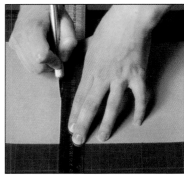

5. Détaillez 10 cm (4 po) de la couverture arrière en utilisant le couteau exacto et une règle d'aluminium.

6. Sur le morceau de la couverture arrière, faites une ligne droite au crayon pour définir le dos de la couverture, à 10 cm (4 po) de distance à partir du dernier pli accordéon, et marquez d'un bout à l'autre. Faites les deux même marques de l'autre côté du dos de la couverture. Rassemblez les points pour former une languette et coupez avec l'exacto et la règle d'aluminium.

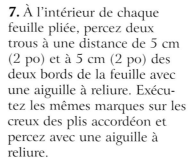

7. À l'intérieur de chaque feuille pliée, percez deux trous à une distance de 5 cm (2 po) et à 5 cm (2 po) des deux bords de la feuille avec une aiguille à reliure. Exécutez les mêmes marques sur les creux des plis accordéon et percez avec une aiguille à reliure.

8. Cousez chaque page pliée sur un creux de pli accordéon en utilisant un point pamphlet à deux trous.

LE POINT PAMPHLET

Le point pamphlet est une des méthodes les plus faciles en reliure, elle est basée sur trois trous. Le fil peut être caché ou visible car il peut faire partie du modèle.

Les reliures pamphlet peuvent être fixées ensemble avec du fil à broderie de couleur, du fil, de la cordelette, du ruban, du raphia et même des lacets. Choisissez une aiguille dont l'épaisseur sera définie en fonction du fil qui sera utilisé sur le livre. Du matériel plus épais, comme la lanière de cuir ou le ruban plus épais nécessiteront une aiguille plus épaisse avec un plus grand chas. Cousez ensemble la couverture et les pages internes pour créer rapidement et facilement un livre relié à la main. Tentez de créer une couverture décorative pour être ajoutée à la section, après l'étape de la reliure.

Si vous désirez faire un livre plus grand, vous devrez simplement augmenter le nombre de trous à cinq, sept ou même plus, ou ajoutez une section en extra pour permettre d'avoir plus de pages et introduisez une couverture plissée. Si vous voulez garder la structure bien simple, la couverture peut consister en seulement deux ou trois plis de papier avec seulement un trou central.

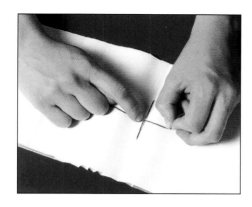

9. Nouez un double nœud à l'intérieur de chaque page.

10. Appliquez une fine couche de colle blanche à l'arrière du papillon en papier moulé. Pressez le papillon fermement sur la couverture et placez-le sous un poids léger pour 30 minutes.

11. Taillez la languette à 3,5 cm (1½ po). Pliez-la à la couverture avant. Fixez une moitié d'attache velcro sur la couverture et l'autre moitié sur la languette.

Le point pamphlet à cinq trous est utile pour les livres avec des grandes pages. Si le livre est vraiment très grand, vous pouvez augmenter le nombre de trous. Variez la distance des trous pour un effet différent ou coupez les pages en formes différentes avant de coudre.

Cet album de montage de style pamphlet est maintenu ensemble en utilisant la méthode du point pamphlet à trois trous.

Le livre des jouets

Autant nous aimerions garder les jouets de nos enfants, cela devient une mission impossible car ils se multiplient de façon exponentielle avec les années. Cependant, nous pouvons les garder en mémoire et cet album de montage vous fournit un excellent moyen d'enchanter vos jeunes enfants et de les étonner quand ils auront grandi et que la plupart de ces jouets auront disparus.

VOUS AUREZ BESOIN

D'un panneau en mousse (foamboard, polyboard)
24 x 40 cm (10 x 16 po)

Du tissu et du tissu à doublure, *chacun 30 x 45 cm (12 x 18 po)*

D'un motif en tissu découpé avec les ciseaux décoratifs, si désiré

Du fil à broder

De carton fin de différentes couleurs
16 x 23 cm (6¼ x 9 po)

De ruban de reliure (tissu)

De ruban

D'un poinçon à cuir

Choisissez des objets usuels de la maison à l'arrière plan pour photographier les jouets. Cela évoquera aussi des souvenirs quand vos enfants auront grandi.

Choisissez un tissu qui n'est pas extensible pour couvrir le livre et récupérez un motif sur un vêtement devenu trop petit pour décorer.

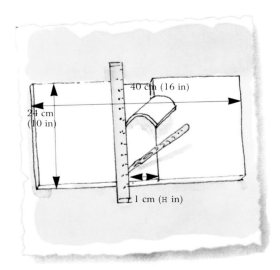

1. Coupez un rectangle dans le panneau de mousse en suivant le diagramme ci-dessus. Taillez partiellement à travers le panneau pour faire deux lignes parallèles à 1 cm (½ po) de distance et prélevez le morceau de carton supérieur du panneau. Cette gouttière sera le dos du livre.

3. Placez le panneau de mousse, côté marqué vers le bas, sur l'envers du tissu de couverture. Appliquez du ruban adhésif double face sur le pourtour du périmètre du panneau, légèrement à l'intérieur du bord. Si le tissu est trop épais, entaillez les coins du tissu et pliez par-dessus les bords. Collez-les avec soin.

2. Coupez les morceaux de tissu et de doublure. Placez le ruban sur le côté droit du tissu de couverture, en laissant assez de longueur pour faire le tour du livre. Utilisez le fil à broder pour coudre le motif, provenant d'un objet favori ou d'un vêtement, sur le dessus du ruban, du côté droit du tissu.

4. Retournez un ourlet de 5 mm (¼ po) à l'envers de la doublure et placez celle-ci, côté envers tourné vers le bas, sur le panneau de mousse. La doublure collera au ruban adhésif double face aux endroits qui ne sont pas recouverts par le tissu de couverture. Exécutez un point caché tout autour des bords pour maintenir les couvertures intérieures et extérieures en place.

5. Coupez 12 pages dans du carton fin de différentes couleurs et collez du ruban à reliure des deux côtés de chaque feuille. Le ruban devrait recouvrir le bord de la page d'environ 1 cm (½ po). Poinçonnez 9 trous sur le ruban de reliure avec un poinçon à cuir, en espaçant les trous de 2,5 cm (1 po).

7. Retournez la couverture à l'envers et utilisez une double longueur de fil résistant pour coudre le dos en assemblant les points de la couverture avec les points de croix des pages.

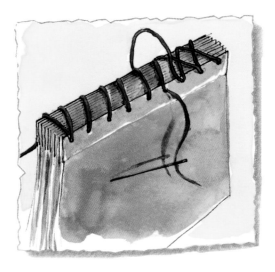

6. Avec un fil résistant, cousez les pages ensemble par un point de croix et fixez bien les extrémités du fil.

8. Choisissez un jouet à photographier pour chaque page et un objet d'arrière-plan. Marquez la position de votre pied sur le plancher, soit avec de la craie ou du ruban à masquer et photographiez chaque jouet. Placez ensuite l'objet d'arrière-plan devant le jouet et prenez une deuxième photo dans la même position.

9. Lorsque les photos sont développées, coupez l'objet d'arrière-plan et fixez une boucle de ruban au côté droit, à l'arrière de la pièce. Collez un morceau de papier d'une couleur assortie à l'arrière de la photo pour couvrir le ruban. Posez la photo de l'objet par-dessus celle du jouet et cousez-la pour former une charnière. Appliquez la photo finie sur la page du livre avec de la colle ou du ruban adhésif double face.

10. Une alternative à l'utilisation du ruban serait de pratiquer des fentes au long de la photo de jouet, d'insérer un ruban adhésif par les fentes et de coller l'arrière de la photo de l'objet avec l'autre extrémité du ruban adhésif. Fixez ensuite la photo terminée sur la page du livre avec de la colle ou du ruban adhésif double face.

Souvenirs

Bien que le projet suivant ne soit pas vraiment un album de montage, c'est une façon magnifique d'exposer les photos de vos enfants au lieu de les cacher dans un album. Cet étui à photos est un moyen très attrayant de mettre en valeur un événement spécial comme la naissance d'un enfant ses premiers pas, et beaucoup d'autres occasions mémorables. Fabriquez l'intérieur de la manière la plus décorative qui soit et ajoutez d'autres moments ou petits objets précieux, comme l'annonce de naissance ou la mèche de cheveux de votre bébé, aux autres photos.

VOUS AUREZ BESOIN

D'un panneau rigide 2 épaisseurs, pour les plateaux (museum board)

D'un panneau de reliure, pour l'étui (en liège)

De papier «Momi»

De papiers décoratifs (plateaux)

De papiers décoratifs (doublures)

De deux attaches en ivoire ou os (tsume)

De ruban gros grain

De mylar (pellicule transparente)

De colle (mélange et colle)

PAPIERS MOMI

Le papier japonais «Momi» est un matériel très intéressant pour couvrir, car il a la résistance et la flexibilité du tissu. Ces papiers sont suffisamment forts pour servir de substitut au tissu, cependant, il faut les manipuler avec précaution. La beauté de ces papiers fortement colorés réside dans leur surface légèrement ridée. Si le papier est trop détendu, par exemple, à cause d'une application trop importante de colle, les rides s'effacent et la belle texture sera perdue. Il y a une triple solution à ce problème : (1) utilisez un mélange au lieu d'une pâte, (2) appliquez le mélange au panneau au lieu de l'appliquer au papier, et (3) n'appuyez pas trop avec votre lissoir.

POUR DÉBUTER

Coupez le panneau rigide en quatre plateaux. Coupez le panneau à la grandeur et à la largeur désirées en vous assurant que le grain soit en parallèle avec le bord. Coupez une fenêtre dans les plateaux ; les fenêtres devraient mesurer approximativement 1 cm (½ po) de moins en long et en large que les photos.

1. Couvrez les plateaux : coupez 4 morceaux de papier décoratif :

Hauteur = la hauteur du plateau plus 4 cm (1½ po)
Largeur = la largeur du plateau plus 4 cm (1½ po)

4. Coupez le panneau pour la boîte : coupez quatre morceaux de panneau à reliure :

Hauteur = la hauteur des plateaux plus deux épaisseurs de panneau
Largeur = la largeur des plateaux plus deux épaisseurs de panneau

Dans vos retailles, taillez trois morceaux pour les joints. Différents joints d'espacement sont requis car lorsque l'accordéon se ferme, le premier et le dernier joint doivent pouvoir avoir plus d'espace que celui du milieu.
Joint d'espacement 1 (pour le premier et le dernier joint) = deux épaisseurs du panneau à reliure, plus deux épaisseurs du plateau, plus 1,3 mm (⅟₁₆ po)
Joint d'espacement 2 (pour le joint du milieu) = deux épaisseurs du panneau à reliure.

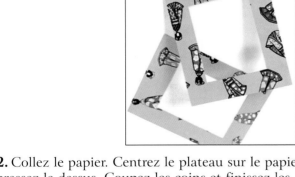

2. Collez le papier. Centrez le plateau sur le papier et pressez-le dessus. Coupez les coins et finissez les bords (voir page 40). Pour finir l'intérieur du plateau, faites deux coupes diagonales d'un coin à l'autre, à travers le papier dans les fenêtres. Souvenez-vous que le papier humide a tendance à se déchirer lorsqu'il est coupé. Si votre papier est saturé de colle, laissez-le sécher quelques instants avant de le couper.

3. Avant de coller les rabats sur l'arrière du plateau, taillez l'excès de papier avec vos ciseaux. Collez. Placez les plateaux recouverts entre les feuilles de journal, sous un panneau avec du poids jusqu'à ce que le tout soit bien sec.

5. Construisez l'étui. Coupez un morceau de papier « Momi » assez large pour contenir les quatre panneaux de la boîte et les joints d'espace. Ajoutez un 2 cm (¾ po) autour des 4 côtés pour pouvoir le retourner. Étendre la mixture de colle sur les quatre panneaux de l'étui et pressez doucement en bonne position sur le papier, en laissant l'espace requis pour les joints entre les panneaux. Coupez les coins. Appliquez le mélange de colle parcimonieusement et ramenez le bord pour le coller.

6. Ramenez le papier sur le panneau et avec le côté de votre lissoir, pressez doucement le papier sur les trois sections du joint. Pincez le papier sur les coins et répétez avec l'autre côté de l'ourlet. Complétez le dos et les bords restants.

Coupez trois bandes charnières dans le papier «Momi» .
Hauteur = hauteur du panneau de la boîte moins
0,5 cm (¼ po)
Largeur = 5 cm (2 po)

Tapotez le mélange de colle sur la bande charnière et centrez la bande en pressant doucement le papier dans les joints et sur les panneaux. Répétez avec les deux autres charnières. Laissez l'étui sécher à plat sous un poids léger.

7. Attachez les fermetures en ivoire (os). Posez les quatre plateaux sur l'étui en fermant l'étui. Passez le ruban à travers les fentes des attaches en ivoire et placez-les où vous le désirez sur l'avant de l'étui. Marquez le devant de l'étui par quatre épingles

piquées, une de chaque côté des deux attaches, directement en dessous de leurs fentes. (Pour être sûr que les attaches soient bien au niveau l'une de l'autre, faites les marques sur un papier et transférez ces marques sur l'étui). Ouvrez l'étui, ôtez les plateaux et placez l'étui face au-dessus sur une surface de travail. Choisissez un outil à lame (exacto) de la largeur de celle de vos rubans. En tenant l'outil verticalement, effectuez quatre incisions, deux par attaches, en commençant au début de la marque jusqu'au bas de celle-ci.

8. Coupez deux courts bouts de rubans en angles et insérez-les dans les fentes pour former des boucles afin de recevoir les attaches. Glissez les attaches dans les boucles et ajustez les rubans pour que ce soit bien serré. Guidez le ruban principal à l'arrière de l'étui, marquez les incisions (encore avec des épingles ou un patron) et faites une fente verticale par ruban.

9. Ajustez les rubans pour qu'ils soient tendus. (Assurez-vous que les plateaux soient dans l'étui pendant que vous faites l'ajustement). À l'intérieur de l'étui, tirez les bouts de ruban en direction opposée. Avec votre couteau (exacto), tracez le contour des rubans, coupez et pelez une petite couche du panneau. Collez les rubans dans ces interstices en utilisant de la colle PVA non diluée. Faites ceci le plus soigneusement possible.

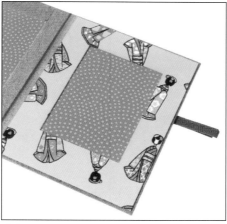

Plateau 1 : Collez le dessus, le dessous et le côté externe du plateau (exemple : à l'opposé du joint d'espacement). Utilisez de la colle PVA non diluée, masquez les endroits du plateau qui ne doivent pas être collés avec des bandes étroites de papier et étendre la colle sur une largeur d'environ 1 cm (½ po) sur les plateaux. Centrez les plateaux sur l'étui et pressez avec le lissoir tout au long des côtés. Ôtez soigneusement tout excédent de colle avec une spatule.

10. Doublez l'étui. Coupez quatre morceaux de papier décoratif qui pourront s'ajuster sur les ourlets de l'intérieur de l'étui. Encollez les papiers et appliquez-les sur l'étui. Pressez l'étui entre des feuilles de papier journal avec un panneau et un poids léger.

11. Attachez les plateaux. Les plateaux sont collés à l'étui sur trois côtés, le quatrième ne l'étant pas immédiatement pour permettre l'insertion des photos. Collez l'arrière des plateaux comme suit :

Plateaux 2 et 3 : Collez le dessus, dessous et le côté du plateau qui se trouve près du joint du milieu. Continuez comme décrit pour le plateau 1.

Plateau 4 : Suivre le procédé comme le plateau 1.

Lorsque tous vos plateaux ont été collés à l'étui, mettez l'étui sous presse en le plaçant entre des feuilles de papier journal et sous un plateau avec un poids léger.

12. Coupez quatre morceaux de Mylar, approximativement de 3 cm (1 po) plus petits que les plateaux, autant en hauteur qu'en largeur. Glissez le Mylar sous les plateaux. Insérez les photos sous le Mylar.

DROITE : *Les papiers Momi sont ridés, froissés et sont très efficaces lorsqu'ils sont utilisés avec de la colle pour les couvertures de livres ou comme arrière-plans pour les photos. Cette série a une surface polie qui les rend assez durables, car ils sont fabriqués avec de la pulpe de bois.*

Boîte à souvenirs

Ceci non plus n'est pas un album de montage mais c'est une belle alternative qui vous permettra de conserver les délicieux moments qui entourent la naissance d'un enfant. Elle deviendra un endroit qui réunira vos souvenirs, comme les cartes de félicitations, les rapports de naissance et les photos de votre nouveau-né. En raison du papier parfumé pour recouvrir les tiroirs qui est utilisé dans ce projet, vos objets seront imprégnés d'une douce odeur, ce qui rendra la boîte encore plus attrayante à ouvrir.

VOUS AUREZ BESOIN

D'un panneau en mousse *(polyboard)*
Base et couvercle : 52 x 23 cm (20½ x 9 po)
Côtés : 6 x 91,5 cm (2½ x 36 po)

De papier à tiroirs parfumé

De retailles de papier victorien

De fleurs séchées

De ruban d'attache

D'un mécanisme de boîte à musique
(optionnel)

Le carillon musical du mécanisme de la boîte à musique placé à l'intérieur de la boîte à souvenirs enchantera votre enfant pendant que vous serez ravi par le contenu de la boîte.

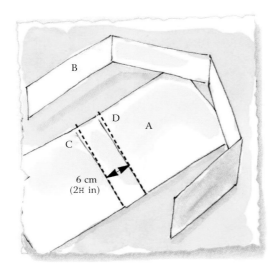

1. Coupez un morceau de panneau en mousse (polyboard) pour la base et le couvercle (A). Taillez partiellement au travers de C et D pour former le dos. Coupez un deuxième morceau pour les côtés de la boîte (B). Divisez en quatre et taillez partiellement au travers pour marquer les plis.

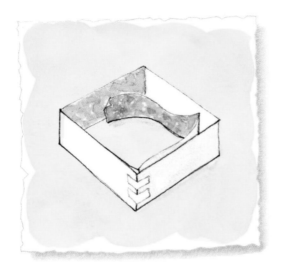

2. Collez une bande de papier décoratif parfumé sur la surface intérieure de B. Pliez sur les marques pour obtenir un rectangle avec le bout ouvert et collez les deux bouts avec du papier adhésif pour les maintenir en place.

4. Sur votre surface de travail, placez une feuille de papier décoratif avec l'envers sur le dessus. Étendez la colle (PVA) en couche mince sur la partie coupée A et collez l'extérieur de la couverture au papier. Assurez-vous que le papier s'ajuste bien à la pliure sinon la couverture ne pourra fermer adéquatement.

3. Placez du ruban adhésif double face sur le pourtour du rectangle que vous venez de construire. Coupez une bande de papier décoratif parfumé et utilisez-la pour couvrir l'extérieur du rectangle.

5. Placez du ruban adhésif double face autour des côtés intérieurs de A et pliez les bords du papier décoratif dessus. Collez légèrement un ruban à 5 cm (2 po) du bord intérieur de la couverture. Coupez un morceau de papier décoratif 5mm (¼ po) plus petit que la couverture et collez-le à l'intérieur de celle-ci.

6. Collez le rectangle en position. Placez un poids dessus pour lui permettre de coller de façon égale pendant le séchage.

8. Collez des retailles de papier victorien à l'intérieur du couvercle pour le décorer. Vous pouvez les choisir en rapport au thème de la naissance, comme une cigogne qui transporte un bébé ou des fleurs.

7. Si vous désirez insérer un mécanisme de boîte à musique, placez-le en position qui permet de tourner le remontoir. Taillez une fente avec un couteau (exacto) pour permettre au remontoir de passer au travers de la boîte. Maintenez le mécanisme en place avec du ruban mousse autocollant.

Fabriquez un album à partir de cartes lacées ensemble avec du ruban. Pendant un an, prenez chaque mois une photo de votre bébé et ajoutez-les à la boîte.

9. Fabriquez une plaque pour décorer l'avant de la boîte. Ici, nous avons utilisé des fleurs séchées et une photo entourée de papiers découpés avec des ciseaux décoratifs dans des couleurs variées et des bords de retailles victoriennes. Assemblez les couches comme bon vous semble et collez-les ensemble avec du ruban adhésif double face. Collez la plaque sur le dessus du couvercle et décorez l'intérieur du couvercle d'autres retailles victoriennes. Remplissez maintenant votre boîte avec vos trésors.

Le portefolio de l'artiste

En fabriquant un album de montage qui peut contenir les dessins et peintures de votre enfant, non seulement vous lui présenterez un beau jouet mais, vous l'encouragerez aussi à poursuivre un passe-temps valorisant. Les enfants adorent regarder leurs anciennes œuvres d'art et ce livre sera un document inestimable qui illustrera leurs progrès. Ce sera une source de plaisir tout au long de leur enfance et même longtemps après.

Choisissez une peinture que vous affectionnez particulièrement ou encore, un dessin qui marque plus spécialement une période de son développement.

VOUS AUREZ BESOIN

De canevas *ou autre tissu épais, en quantité suffisante pour 6 morceaux de 57 x 35 cm (22¾ x 14 po)*

D'une aiguille et de fil résistant

De ouate en feuille *(matériel à bourrer)*

De biais à reliure, *3 couleurs de 1 cm (½ po) de large x 184 cm (73½ po)*

De souvenirs et photocopies des œuvres de l'enfant

De ruban adhésif en tissu et rubans *(optionnel)*

D'une machine à coudre *(optionnel)*

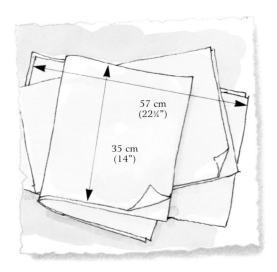

1. Coupez 6 morceaux de tissu, chacun mesurant 57 x 35 cm (22¾ x 14 po). Sur le morceau de couverture, brodez le nom de votre enfant, la date et n'importe quelle décoration désirée.

3. Coupez trois longueurs de biais de reliure de différentes couleurs. Chaque double page nécessitera un biais d'une longueur de 184 cm (73½ po) par 1cm (½ po) de large. Installez le biais au long des extrémités de chaque double page, soit à la main ou à la machine. Répétez, pour faire les trois double pages.

2. Coupez trois morceaux de matériel à bourrer de 57 x 35 cm (22¾ x 14 po) et insérez-les entre deux morceaux de tissu, en plaçant le tissu la face à l'envers par rapport à la bourre. Faufilez les couches ensemble en travaillant à partir du centre pour réduire la distorsion au minimum. Faufilez ensuite le pourtour.

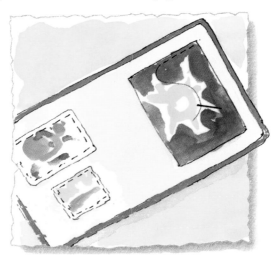

4. Sélectionnez vos souvenirs et arrangez vos photocopies ou vos originaux d'œuvres d'art d'une manière attrayante. Cousez les objets en vous assurant de ne pas coudre au travers de la page.

5. Étagez les pages dans l'ordre en plaçant la page de couverture sur le dessus et cousez à travers le pli central avec du fil résistant pour créer le dos du livre.

6. Pour suspendre le livre, cousez une boucle de ruban à tissu au-dessus du dos du livre. Si le livre est très volumineux, vous pouvez également utiliser un joli ruban pour le tenir fermé. Entreposez-le après y avoir inséré des feuilles de papier essuie-tout entre les pages pour préserver la surface des images.

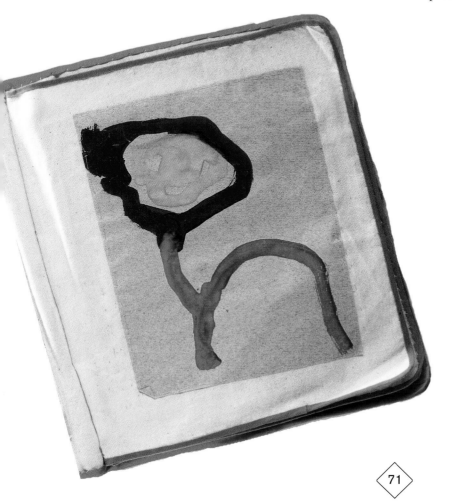

Un livre comme celui-là fera un magnifique présent pour la fête des Pères ou la fête des Mères.

SOUVENIRS ROMANTIQUES

Lorsque vous serez âgé, gris et un peu somnolent,

Alors que vous vous bercerez au coin du feu, prenez ce livre.

Lisez-le lentement et rêvez de la douceur et de la profondeur

Que vos yeux arboraient alors.

Combien de gens ont aimé vos moments de pure grâce,

Et ont aimé votre beauté avec amour, vrai ou faux;

Mais un homme a aimé l'âme de pèlerin en vous,

Il a aussi aimé le chagrin sur votre visage changeant.

Et en vous penchant près des braises rougeoyantes

Murmurez, avec un peu de nostalgie, comment l'amour s'est enfui.

En arpentant les montagnes lointaines,

Il a caché son visage au milieu d'une foule d'étoiles.

Traduction française d'un poème de W.B. Yeats

L'album des amoureux

Les restes séduisants de matériaux lavande, pourpre et pêche ont été réunis pour former cet album riche en textures.
La reliure simple utilise des vis extensibles – disponibles chez les fabricants spécialisés –
ce qui permet d'ajouter ou de retirer des pages.

VOUS AUREZ BESOIN

D'une feuille de carton très rigide
50 x 38 cm (20 x 15 po)

De gaze à pansement

De colle d'artisanat (PVA)

De soie pour couverture
80 x 30 cm (30 x 12 po)

De tissu de doublure
80 x 30 cm *(30 x 12 po)*

D'un carré de velours *13 cm (5 po)*

D'entoilage thermocollant léger
38 x 30 cm (15 x 12 po)

D'une pièce de tissu (Patch)
15 x 18 cm (6 à 7 po)

De ruban de sangle

De fil à broder

De 2 carrés de bourre de *6 mm (¼ po)*
d'épaisseur : 24 cm (9½ po) carrés et 13 cm
(5 po) carrés

De sequins en étoile

De ruban à tapis double face

D'une réserve de papier carton

De 5 A1 feuilles de papier carton

De 2 Papiers de garde
25 x 30 cm (10 x 12 po)

De ciseaux

De vis extensibles en métal
pour reliure photographique

1. Coupez deux carrés de carton rigide de la taille de 25 x 25 cm (10 x 10 po) et deux bandes (excarts) de 25 x 4 cm (10 x 1½ po). Agencez chaque bande avec un carré. Joignez-les ensemble en collant une longueur de gaze à pansement par-dessus avec de la colle d'artisanat, en laissant un espace de 6 mm (¼ po) entre les deux morceaux.

4. Prenez le cœur en velours comme guide et coupez une forme de cœur sur le plus petit carré de bourre. Avec un point de devant, cousez le cœur à la couverture, emprisonnant ainsi la bourre.

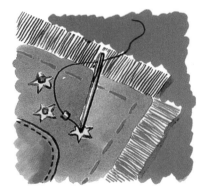

2. Coupez deux rectangles de tissu pour les couvertures du dessus et du dessous, de la taille de 38 x 30 cm (15 x 12 po) et deux pour la couverture intérieure 24,5 x 42,5 cm (9¾ x 14¾ po). Taillez le carré de velours en forme de cœur. Doublez l'arrière de chaque morceau avec de l'entoilage thermocollant et fusionnez comme indiqué.

5. Utilisez une aiguille fine pour les perles et cousez les sequins sur le cœur. Vous pouvez les maintenir en place avec une petite perle. Espacez-les inégalement sur le morceau de tissu.

3. Prenez le morceau de tissu (Patch) et effilochez-le pour obtenir une frange d'à peu près 1 cm (½ po). En utilisant le ruban de sangle, repassez-le au milieu du tissu de couverture. Exécutez quelques points de broderie tout autour.

6. Rembourrez la couverture en utilisant le plus grand carré de bourre. Étendez une fine couche de colle d'artisanat sur l'entoilage de la couverture et placez la bourre en position. Le cœur devrait se placer au centre de la bourre. Lissez les plis tout au long de la bande d'extrémité.

7. Retournez soigneusement la couverture et collez du ruban adhésif double face autour des bords de la couverture intérieure. Taillez les coins et coupez les joints entre la couverture et le dos. Pliez les bords vers l'intérieur en les fixant au ruban adhésif. Assurez-vous que la couverture soit bien tendue et égale. Répétez l'opération pour l'autre couverture.

8. Une fois que les couvertures sont bien sèches, vous pouvez les doubler avec du tissu. Étendez de la colle d'artisanat sur le tissu de doublure et positionnez-le soigneusement sur les couvertures. Assurez-vous de lisser tous les plis avec votre lissoir. Pendant que les livres sèchent, placez un poids moyen par-dessus pour les maintenir à plat.

9. Avec un poinçon à cuir, percez les trous également sur la bande (excart) de la couverture, à 15 cm (6 po) d'écart. Coupez plus ou moins 20 feuilles de papier carton, 28 x 24 cm (11 x 9½ po). Marquez une marge de 4 cm (1½ po), retournez-les, poinçonnez les trous à 2 cm (¾ po) du bord et à 15 cm (6 po) d'écart pour pouvoir aligner la couverture.

10. Coupez deux 24 cm (9½ po) carrés de page de garde, (renforcez les trous si nécessaire). Insérez les montants de métal des vis extensibles à travers les trous de la couverture de base. Repliez les bandes aux marges. Glissez la page de garde en premier lieu, suivie par les pages et ensuite la page de garde avant. Mettez la couverture du dessus, vissez les têtes de vis et repliez la couverture arrière.

Une fois que vous dévissez les vis de cet album, vous pouvez ajouter ou retirer les pages selon votre désir.

La St-Valentin

Appliquez autant de perles, boutons, grelots et nœuds que vous le désirez sur ce canevas de plastique aux couleurs vives pour fabriquer un livre de St-Valentin tout spécial. De l'extérieur, il ressemble à un livre conventionnel mais dénouez les rubans et vous découvrirez des pages en formes de cœurs et des bordures de fantaisie auxquelles vous pouvez appliquer des motifs au pochoir ou coller des photos qui vous remémoreront les moments précieux et la romance de la St-Valentin.

VOUS AUREZ BESOIN

D'une feuille de canevas à broderie en plastique munie d'une fixation intégrée (ou d'un crochet de suspension)

De fil à broder à brins

De ruban de satin

De feutre et de la mousse de couleur

Des perles de couleur, cœurs et grelots

Du papier craft (en rose, rouge et mauve)

Des ciseaux à bords décoratifs

De pochoirs pour fleurs, cœurs, alphabet

De pinceaux et peinture à pochoir (optionnel)

D'attaches parisiennes

1. Pliez le canevas de plastique en deux avec la fixation au dos. Décorez la couverture en y cousant et collant les décorations au thème de la St-Valentin. Vous pouvez utiliser des formes simples taillées dans le feutre ou la mousse, ou provenant de vieux magazines et de papier d'emballage.

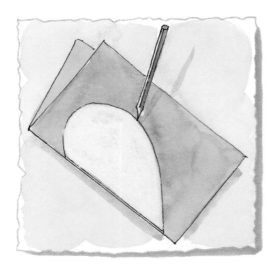

2. Pour faire un modèle de page, pliez une feuille de papier en deux et dessinez la moitié d'une forme en cœur. Coupez-la et utilisez-la pour faire des pages additionnelles. Utilisez les ciseaux décoratifs pour donner un air de fête.

4. Attachez un des bouts du ruban à la fixation en laissant l'autre bout plus long. Exécutez un nœud double pour ne pas qu'il se détache ou se torde, ramenez la partie longue et tournez-la autour de l'attache parisienne pour fermer l'album.

3. Coupez deux petits cœurs en mousse de différentes couleurs et passez une attache parisienne au travers. Alignez l'attache parisienne avec la fixation à l'arrière.

5. Maintenez les pages en place avec une longueur de ruban faisant le tour du livre. Maintenez le ruban en position par une attache parisienne ou par quelques points décoratifs.

Cet album peut être votre document secret, à garder loin des yeux indiscrets. Décorez-en les pages avec des motifs de roses et de cœurs. Utilisez-le pour garder vos propres cartes ou donnez-le à votre amour avec un message spécial à l'intérieur.

Album de mariage embossé

Il est facile d'embosser avec les liquides spéciaux pour embossage mais cela requiert de la patience et une main sûre. Pour vous aider à acquérir de la confiance, dessinez votre motif et pressez le liquide sur les lignes en travaillant progressivement à main levée. Les liquides à embossage répondent mieux à un mouvement coulant et continu, donc maintenez une pression constante au lieu d'arrêter et de reprendre. Comme le liquide tache facilement, laissez bien sécher chaque motif.

2. Percez le centre de la forme en cœur avec un couteau (exacto). Insérez les ciseaux décoratifs par le trou et taillez à peu près à 2,5 cm (1 po) du bord pour avoir une jolie bordure.

3. Tracez une ligne à 6 mm (¼ po) tout autour du cœur avec le liquide à embosser de couleur argent. Laissez sécher. Avec le même liquide, faites une bordure festonnée tout au long de la ligne et ajouter des points à chaque feston. Laissez sécher.

1. Fabriquez un modèle en forme de cœur en pliant une feuille de papier carton en deux et dessinez la forme d'un cœur avant de découper. Dévissez l'album et retirez une page. Dessinez la forme de cœur sur la page.

5. Ornez chaque coin avec un groupe de trois boutons de roses, des feuilles stylisées et des motifs argentés. Laissez sécher..

6. Ajouter des volutes à chaque coin et finissez en marquant la bordure de délicats petits points perlés mauves.

4. Pour créer un effet de bouton de rose, faites une petite spirale avec le liquide perlé rose à chaque intervalle entre les festons. Laissez sécher avant de tracer les feuilles avec le liquide perlé vert.

GAUCHE : *Taillez le papier carton avec des ciseaux à bordures décoratives pour donner un aspect romantique à votre photo spéciale. Ornez-la avec les motifs tracés avec les liquides à embosser perlés ou les poudres à embosser métalliques.*

VARIATION

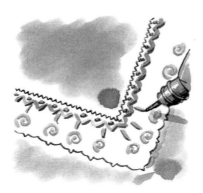

1. Pour créer un cadre d'image, mesurez l'image que vous voulez encadrer. Décidez de la profondeur du cadre et tracez les lignes intérieures et extérieures avec un crayon et une règle. La distance entre les lignes devrait être de 2,5 cm (1 po). Coupez le cadre le long des lignes avec des ciseaux à bordures décoratives. Pour créer une bordure décorative intérieure, percez le centre du papier avec un couteau (exacto) et coupez le long de la ligne avec des ciseaux décoratifs à lames différentes des précédents.

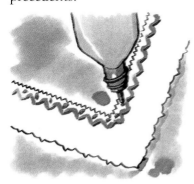

2. Avec le liquide à embosser perlé mauve, tracez une bordure autour de la partie intérieure du cadre. Laissez sécher. Ajoutez des points argentés entre les festons.

3. Ajoutez des boutons de rose stylisés sur l'extrémité externe et laissez sécher. Joignez les boutons de rose au côté interne du cadre avec des tiges perlées vertes. Laissez sécher.

4. Tout autour du bord, ajoutez des croix perlées argentées entre chaque bouton de rose. Placez la photo dans le cadre et collez-la en place avec des coins à photos. Remettez la page dans l'album et resserrez les vis.

DROITE : *Créez des montages photographiques sur mesure dans la forme et la couleur de votre choix. Ici, une photo favorite est rehaussée par la bordure décorative et l'embossage, deux techniques simples qui ajouteront une touche personnelle. Exercez-vous d'abord sur un morceau de papier pour éviter les erreurs salissantes.*

Souvenir de mariage

Que vous fabriquiez ce livre pour donner en cadeau à un ami, à un membre de la famille ou que vous vous en serviez pour vos propres souvenirs, ce sera un plaisir de produire cet album plus traditionnel, avec ses jolis détails, son magnifique tissu, ses belles roses et ses soyeux rubans de satin.

VOUS AUREZ BESOIN

D'un livre neuf à couverture rigide

De tissu simple de coton

De bourre (ouate)

De tissu à motifs

De papier ou carton fin, doré

De papier en surplus pour décorer l'intérieur (optionnel)

De rubans, roses, perles et autres garnitures

De ciseaux à tissu

De ciseaux à bordures décoratives

D'épingles

Commencez avec un livre ordinaire ou un album et ajoutez-y une touche extra spéciale en le recouvrant avec un tissu magnifique. Vous compléterez l'effet avec un bouquet de roses en satin et des rubans qui s'harmoniseront avec le thème choisi par la mariée.

1. Mesurez le livre et découpez le tissu de coton simple, tel que montré, pour couvrir l'album. Coupez la bourre (ouate) afin qu'elle soit ajustée sur l'intérieur de la couverture avant. Coupez le tissu à motifs de façon à ce qu'il puisse s'ajuster à l'extérieur de la couverture et épinglez-les ensemble sur le tissu de coton simple.

3. Collez la première et la dernière page du livre sur les couvertures internes pour cacher les bords de tissu. Si vous le désirez, vous pouvez coller du papier doré à l'intérieur des couvertures. Piquez un bouquet de rubans, roses, perles et autres garnitures et cousez-les sur la couverture avant.

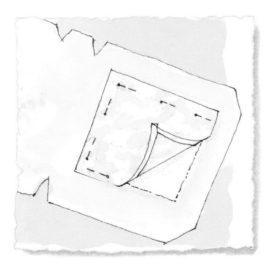

IDÉES PLUS

Taillez des cœurs dans du papier tissu coloré ou en papier doré pour border les photos.

Découpez un cœur sur une page précédant une photo de groupe, comme si les nouveaux mariés regardaient au travers du cœur. La page suivante révèlera la photo de groupe dans son entier.

Taillez les photos avec des ciseaux à bordures décoratives pour orner les pages plus simples.

Collez des confettis provenant de votre journée spéciale sur la page.

Séchez des pétales de votre bouquet et collez-les sur votre album de montage de mariage.

2. Piquez la bourre (ouate) et le tissu à motif sur le tissu de coton en insérant les rubans au long des côtés à mesure que vous travaillez. Collez les bords de la couverture sur l'intérieur du livre en étirant bien mais en laissant suffisamment de jeu pour pouvoir plier le livre au dos.

Lune de miel au paradis

*Peu de gens pensent à créer un livre spécialement dédié à leurs photos et notes prises lors de leur lune de miel.
Ce livre, avec ses couches d'organza si délicat et ses décorations de miroirs indiens, se transforme
en un moment précieux. Pour le fermer le livre, passez un ruban par une fente pratiquée
dans son dos et nouez-le par un joli nœud.*

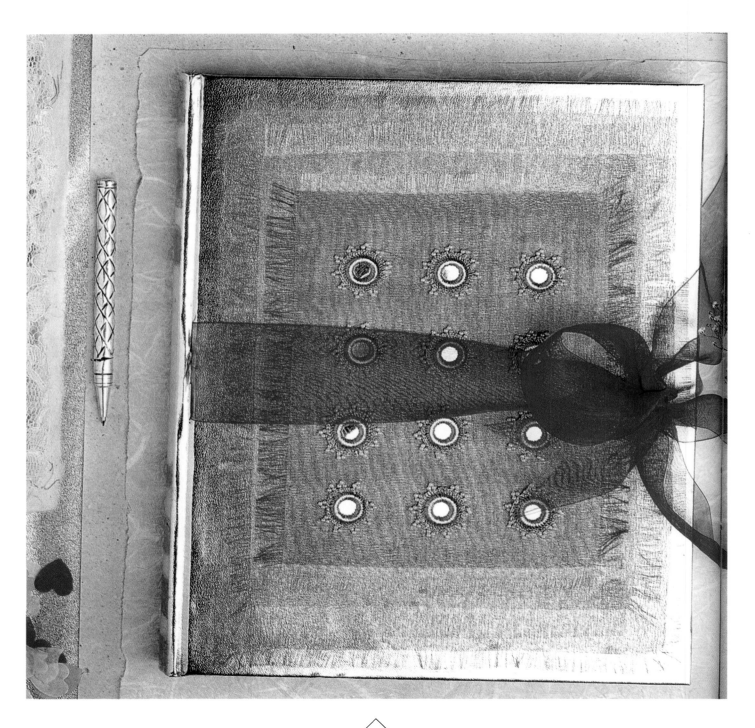

VOUS AUREZ BESOIN

D'un livre neuf à couverture rigide ou d'un album

De 5 morceaux d'organza de couleurs différentes

De colle d'artisanat (PVA)

De ruban 1,5 cm ½ po) de large, 61 cm (24 po) de long

De décorations de miroirs indiens, de sequins, de perles ou boutons plats

D'une petite enveloppe

De ruban collant double face à tapis

D'une règle

De ciseaux

D'un scalpel (exacto)

D'un lissoir

3. Étendez une fine couche de colle sur la couverture du livre. Placez le plus grand morceau d'organza et lissez-le bien. Répétez avec les autres morceaux d'organza. Laissez sécher.

4. Avec un scalpel (exacto), taillez une fente au milieu de la pliure du dos, au moins aussi large que le ruban. Coupez uniquement à travers la couverture mais pas dans la couture. Répétez à l'arrière.

1. Mesurez la couverture du livre et coupez trois morceaux d'organza, chacun de grandeur légèrement plus petite que la précédente.

5. Passez le ruban à partir de l'intérieur de la couverture avant à l'extérieur du dos, et à l'intérieur de la couverture arrière. Vous aurez besoin de suffisamment de ruban pour envelopper votre livre et le nouer avec un nœud assez volumineux.

2. Frangez les côtés de chaque morceau en retirant les fils de trame du tissu.

6. Avec de la colle d'artisanat, collez le ruban sur l'intérieur de la couverture. Lorsque c'est sec, répétez à l'arrière.

7. Ouvrez le livre et découpez deux rectangles d'organza de la grandeur de la couverture intérieure avant plus la première page, et la couverture arrière plus la dernière page du livre. Ce seront les pages de garde.

9. Collez les ornements sur le devant de la couverture. Laissez sécher.

8. Collez le premier morceau d'organza à l'intérieur de la couverture arrière seulement, en laissant suffisamment de jeu pour pouvoir ouvrir et fermer le livre. Lissez tout au long de la pliure du dos avec un lissoir et ôtez tous les plis. Laissez sécher. Répétez pour l'avant. Laissez sécher.

10. Apposez une enveloppe attrayante à la page intérieure du livre avec du ruban adhésif double face.

De l'organza fin a été collé à l'intérieur du livre pour donner de somptueuses pages de garde et une enveloppe argentée est ajoutée pour ranger les petits objets.

Noces d'or

Deux plateaux de présentation à gâteaux dorés ou des plaques de mousse recouvertes ont été utilisées comme couvertures de ce livre. Des cartes de félicitations comme celle présentée ici, découpée en forme de cœur où l'on voit un couple découpant leur gâteau d'anniversaire, sont un moyen de décoration très peu coûteux et ornent bien le devant de la couverture. À l'intérieur de l'album, de délicats napperons de dentelle sont charmants pour border d'antiques photos de mariage en noir et blanc.

Les bordures embossées sont tout spécialement indiquées pour les photos anciennes. Les bords peuvent être colorés avec des crayons-feutres rappelant les tonalités des photos teintées.

VOUS AUREZ BESOIN

De plaques de mousse *(foamboard)*

De 2 plateaux à présentation de gâteaux, dorés *30 cm (12 po) carrés ou 2 x 30 cm (12 po) carrés*

De plaques de mousse recouvertes de papier d'emballage doré à motifs de feuilles

De papier d'or

De ruban à reliure

De papier glassine

D'une cordelette

D'une feuille acétate clair *10 x 12 cm (4 x 5 po)*

De cartes de souhaits antiques

D'un poinçon à papier.

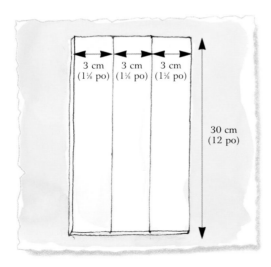

1. Coupez un morceau de plaque de mousse 9 x 30 cm (3 ⅜ x 12 po) et découpez partiellement deux lignes parallèles en travers, placées à égale distance des côtés – 3 cm (1 ⅛ po). Pliez le long des lignes pour façonner le dos de l'album.

3. Étalez le dos à plat et placez un plateau à gâteaux, ou la plaque de mousse recouverte de papier doré, de chaque côté du dos avec l'envers sur le dessus, en laissant un espace de 5 mm (¼ po) entre chaque, tel qu'indiqué.

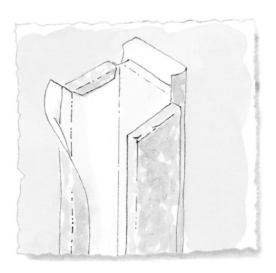

2. Coupez une feuille de papier doré 11 x 32 cm (4½ x 12½ po) et collez-la à l'extérieur (côté coupé) du dos, assurez-vous que le papier s'ajuste bien dans les encoches des pliures. Repliez le papier à l'intérieur du dos, en superposant les bords.

4. Placez une bande de papier doré de 1 cm (½ po) face vers le bas pour couvrir les espaces. Retenez-la en place par du ruban adhésif.

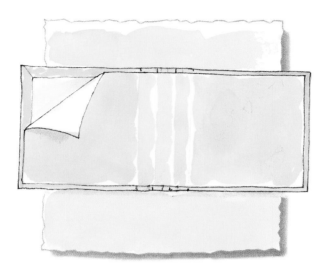

5. Coupez un rectangle de papier doré 30 x 71 cm (12 x 28 po) et collez-le à l'intérieur de la couverture. Lissez pour faire partir toutes les bulles ou les plis. Mettez de côté pour faire sécher.

7. Coupez une vingtaine ou plus de feuilles de 28 x 33 cm (11 x 13 po) approximativement et passez-les aux ciseaux à bordures. Marquez une ligne à 3 cm (1⅛ po) du bord d'un côté et repliez.

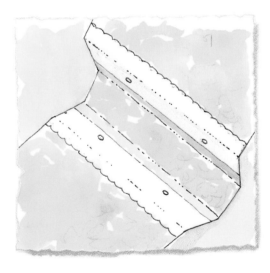

6. Renforcez la section de charnière avec du ruban à reliure – ici, elle a été découpée aux ciseaux à bordures pour donner un effet ornemental. Percez deux trous à 7,5 cm (3 po) d'écart au long de l'avant et de l'arrière de la section du dos.

8. Coupez les feuilles de papier glassine 25 x 30 cm (10 x 12 po) et insérez-les dans chaque pli de feuille. Collez ensuite le pli pour le fermer. Utilisez un poinçon à papier pour faire deux trous à 7,5 cm (3 po) d'écart.

9. Passez la cordelette à travers les trous du dos de la couverture, passez les pages dans la cordelette et passez-la ensuite au travers des trous de la couverture avant. Nouez les bouts de la cordelette en un joli nœud.

10. Collez une photo et une carte découpée, comme indiqué sur la couverture avant, en utilisant du ruban double face. Si vous utilisez une photo comme je l'ai fait, placez une feuille protectrice d'acétate sur l'image.

Les bords de cette image ont été embossés et estampés en argenté.

Voici une autre idée pour la couverture d'un album de montage, qui utilise une combinaison de divers tissus. Les piqûres en points de couleurs contrastantes accentuent les motifs répétés, ce qui révèle un effet très attrayant.

SOUVENIRS DE VACANCES

Cette portion du livre examine différentes façons de préserver vos souvenirs et réminiscences de vacances. Demandez à votre famille et vos amis de garder les cartes postales que vous leur avez envoyeées tout au long des années afin que vous puissiez les réunir et revivre les souvenirs de joie provenant de tous les endroits que vous avez visités. Imaginez le son de la mer en plaçant des coquillages, des fragments d'algues et toutes les autres petites trouvailles que vous avez ramassées sur la plage. Utilisez ces albums de montage inspirants et ces boîtes attrayantes comme un moyen de chasser les jours gris et froids de l'hiver, en vous remémorant des chaudes journées d'été.

Boîte à cartes postales

Notre premier projet dans cette section n'est pas un album de montage, il s'agit d'un moyen idéal de ranger vos cartes postales. Au cours des années, vous avez probablement amassé des cartes postales d'endroits que vous avez vus ou que vous n'avez peut-être même jamais visités. À part des souvenirs et des rêves qu'elles suscitent, les cartes postales sont aussi de magnifiques petits chef-d'œuvres.

Largeur de la base plus une épaisseur de panneau

Hauteur de la base

couvercle

Hauteur des cartes plus 0,3 cm (⅛ po)

Base (coupez 6)

Largeur des cartes plus 0,3 cm (⅛ po)

VOUS AUREZ BESOIN

D'un panneau à reliure (60 points)

De tissu à recouvrir les livres

De papier décoratif

D'un cordonnet élastique

D'un bouton (ou plus, pour décorer)

D'une carte postale ou photographie

De fil à coudre

De PVA (mélange et pâte)

D'adhésif sensible à la pression (PSA)

1. Coupez tous les panneaux en suivant le diagramme ci-dessus. Coupez 6 morceaux de :
Hauteur = la hauteur des cartes postales plus 0,3 cm (⅛ po)
Largeur = la largeur des cartes postales plus 0,3 cm (⅛ po)

Souvenez-vous de placer le grain du haut en bas. Étiquetez un morceau «base» et mettez-le de côté. Étiquetez un morceau «aileron externe» et mettez de côté. Coupez un morceau en deux à la moitié d'un bout à l'autre, et taillez un morceau de chaque pièce, d'un bout à l'autre. Étiquetez ces segments «aileron de tête» et «aileron de queue» et mettez-les de côté.

Coupez deux bandes de 5 cm (2 po) de profondeur d'un des panneaux restants, d'un bout à l'autre. Étiquetez ces segments «mur de tête» et «mur de queue». Coupez une longueur de 5 cm (2 po) plus une épaisseur de panneau, dans la largeur, à partir d'un des panneaux restants. Étiquetez-le «mur externe». Du dernier panneau, coupez une bande qui mesure 5 cm (2 po) plus deux épaisseurs de panneau dans la largeur. Étiquetez-le «mur du dos». Si vous désirez faire une boîte plus ou moins profonde, ajustez la profondeur des murs selon votre choix. Vous avez maintenant utilisé tous les 6 morceaux. Le panneau final, soit le panneau du couvercle, est coupé séparément. Coupez un panneau de :
Hauteur = la hauteur du panneau de base
Largeur = la largeur du panneau de base plus une épaisseur de panneau.

Étiquetez cette pièce «couvercle». D'une retaille de panneau, coupez une étroite bande de deux épaisseurs de panneau de large (grain sur le long pour plus de facilité à la coupe). Ce sera votre joint d'espacement; il sera réutilisé plusieurs fois.

2. Coupez une pièce de tissu à recouvrir les livres, assez grande pour pouvoir inclure tous les panneaux, en plus d'une généreuse marge. Cette boîte requiert un morceau de tissu d'approximativement 56 cm (22 po) carrés. Taillez la lisière pour égaliser ou collez les bords pour prévenir l'effilochage du tissu. Ne coupez aucun autre morceau de tissu tant que les panneaux n'ont pas été collés en place.

Collez les panneaux sur le tissu. Placez le tissu sur du papier journal, avec l'envers sur le dessus. Installez les panneaux sur le tissu en vous assurant que la direction du grain du tissu et des panneaux est la même. Sur une autre pile de papier journal, encollez les panneaux un à la fois et posez-les sur le tissu. Le même espacement sera utilisé pour tous les panneaux (voir dessin ci-dessus). Commencez par le panneau du couvercle et continuez au travers du plan horizontal avant de coller les éléments du plan vertical. Quand tous les panneaux sont en place, retournez votre tissu et lissez avec votre lissoir pour vous assurer qu'il ne reste pas de bulles d'air.

Taillez les rabats de la marge. Coupez une retaille de carton d'approximativement 2 cm (¾ po). Utilisez-le pour tracer autour des bords des panneaux en tenant compte de la marge des rabats. Glissez une planche à découper sous le tissu et taillez avec un exacto et une règle.

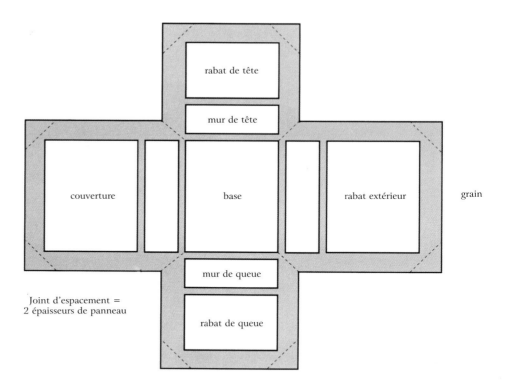

rabat de tête

mur de tête

couverture | base | rabat extérieur | grain

mur de queue

rabat de queue

Joint d'espacement = 2 épaisseurs de panneau

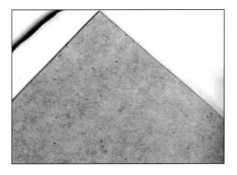

3. Coupez le tissu aux quatre coins du panneau de base en incisant en diagonale dans les rabats, en coupant aussi près que possible du bord du panneau. Coupez les (huit) triangles des coins extérieurs des panneaux. Restez dans une marge de 1½ de l'épaisseur du bord des panneaux.

4. Collez les rabats. Commencez avec les huit rabats qui touchent aux murs et terminez avec les quatre rabats des ailerons. Utilisez votre pinceau de 1 cm (½ po). Avant de coller, glissez d'étroites bandes de papier journal en dessous de chaque rabat. Collez, retirez la bande étroite et pressez le tissu sur le bord du panneau. Avec le côté de votre lissoir. Travaillez le tissu aux deux joints en pressant d'un mouvement d'aller-retour jusqu'à ce que le tissu soit bien collé. Pour éviter de marquer le tissu, vous pouvez travailler au travers d'une feuille de papier à rebut.

5a. Couvrez les bouts du panneau de base. Coupez quatre triangles dans les retailles de tissu et taillez-les pour qu'ils s'ajustent aux coins du panneau de base. Ils devraient compléter et concorder avec les bords des rabats. Ne superposez pas le tissu. Si nécessaire, ôtez un petit croissant le long du plus grand côté du triangle pour garder, propre et sans plis, le bon angle formé par le plan vertical et le plan horizontal.

Allouez une marge de 2 cm (¾ po) autour du panneau. Réservez les retailles de tissu pour les détails de finition. Cette boîte requiert un morceau de tissu d'environ 56 cm (22 po) carrés.

5b. Collez un triangle, pressez-le légèrement sur le panneau de base. Travaillez le tissu immédiatement avec les joints en un mouvement appuyé d'aller-retour de votre lissoir.

5c. Moulez le tissu autour des bouts du panneau en ramenant les fils éparpillés, s'il y en a. Répétez avec les trois autres triangles.

6a. Ornez la boîte. Ce sont les meilleurs moments lorsque vous choisissez une carte et une poignée de boutons pour faire de votre boîte une source de joie. Concevez votre couvercle. Dans votre conception, incluez un bouton qui servira de fermeture. Si vous désirez fixer une carte postale ou une photo, utilisez un peu d'adhésif sensible à la pression (PSA) pour faire adhérer l'œuvre au couvercle. Éventuellement, la carte devra être cousue pour être maintenue en place. Installez le bouton sur le couvercle, poinçonnez les trous au travers du panneau afin qu'ils correspondent avec les trous de boutons. Cousez le(s) bouton(s).

6b. Notez : si vous ne désirez pas incorporer de boutons dans votre projet, poinçonnez des trous au travers de la carte dans les points stratégiques – les coins, par exemple – et cousez la carte pour la maintenir en place. L'adhésif sensible à la pression (PSA) n'est pas suffisant pour une attache permanente. Percez deux trous dans le côté extérieur du mur pour l cordonnet élastique. Passez les deux bouts du cordonnet par le trou et ajustez la tension. Si vous le désirez, vous pouvez également passer un bouton ou deux sur la corde pour masquer les trous. Incisez deux petites rigoles dans le panneau et collez les bouts du cordonnet avec de la colle PVA non diluée. Soyez persistant car le cordonnet élastique a tendance à ne pas vouloir coller ! Pressez avec votre lissoir pour aplatir le cordonnet. Parfois, un ou deux coups de marteau (doux) peuvent faire l'affaire.

7a. Couvrez les murs intérieurs. Coupez quatre bandes de tissu dans vos retailles. Ces bandes s'étendront depuis le panneau de base jusqu'aux ailerons de côtés, recouvrant ainsi les murs. Elles seront taillées pour s'ajuster approximativement à une épaisseur de panneau des bords extérieurs de la base.

Coupez deux bandes pour le dos et murs extérieurs :
Hauteur = la hauteur des murs moins deux épaisseurs de panneau
Largeur = profondeur des murs plus 5 cm (2 po)

Coupez deux bandes pour les murs de tête et de queue ;
Hauteur = la profondeur du mur plus 5 cm (2 po)
Largeur = la largeur des murs moins deux épaisseurs de panneau

7b. Le grain devrait être de haut en bas. Collez la couverture au mur du dos. Positionnez le tissu sur le panneau de base pour l'ajuster aux rabats et dans la hauteur. Avec le bord de votre lissoir, pressez rapidement le tissu au joint le plus proche de la base, lissez le tissu sur le mur du dos, pressez-le au deuxième joint et lissez le tissu sur le panneau du couvercle. Répétez pour la couverture des trois autres murs.

8. Doublez la boîte. Coupez 5 morceaux de papier pour doubler tous les panneaux de la boîte. Ces morceaux doivent être coupés pour s'ajuster approximativement à une épaisseur de panneau des quatre côtés.

DROITE : *Cet album de montage a été couvert en utilisant un papier préalablement taché avec du thé pour lui donner un effet ancien, comme s'il avait été gardé avec la collection familiale de souvenirs et de cartes postales du bord de mer. Le découpage que l'on voit sur la couverture a été inspiré par le fer forgé qui décorait les jetées et les édifices du bord de mer.*

DESSUS : *Dans cet album de montage, on retrouve un collage de photos, des dessins aux couleurs délavées, des cartes postales ainsi que des billets et étiquettes qui racontent l'histoire du voyage de cette personne en France. La couverture avant a été fabriquée avec une vieille boîte à fromage et ornée de trouvailles du bord de mer.*

Journal de vacances

Rédigez-vous un journal de vos souvenirs lorsque vous êtes en vacances ? Voici une façon de décorer la couverture avec un collage élaboré à partir de vos moments précieux – pourquoi ne pas utiliser une plaque de bois mince comme base, sur laquelle vous pourriez coller vos trouvailles et y attacher une enveloppe pour ranger vos plus petits trésors ?

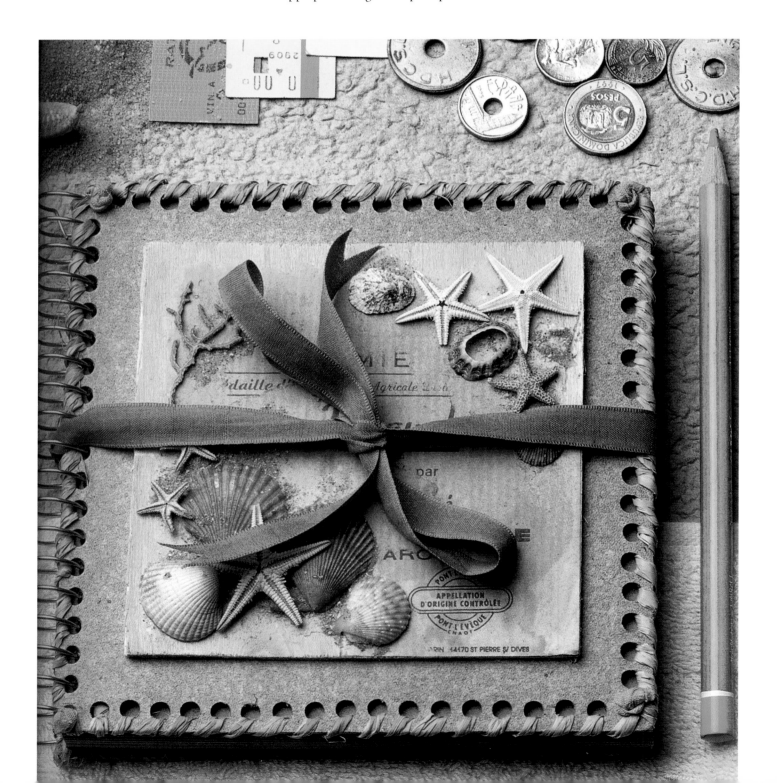

1. Déchirez une feuille de votre cahier à spirale et utilisez ainsi les trous pour marquer les espaces sur le côté de vos couvertures avant et arrière.

2. Utilisez un poinçon pour faire des trous tout autour des deux couvertures.

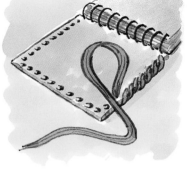

3. Faites un nœud à l'un des bouts d'une longueur de raphia. À partir du trou le plus près du dos de la couverture, commencez à passer le raphia de l'extérieur à l'intérieur de la couverture tout au long de celle-ci en continuant avec le dos et l'arrière. Faites un nœud lorsque le tout est terminé.

4. Déchirez le papier fin coloré en petits morceaux. Collez-les à l'intérieur des couvertures et des pages de garde avec de l'adhésif en aérosol.

5. Fixez une petite enveloppe au centre de la dernière page pour vos petits trésors.

VOUS AUREZ BESOIN

D'un cahier à reliure en spirale

De raphia

De tissu de papier fin de couleurs contrastantes

D'adhésif en aérosol

De colle d'artisanat (PVA)

D'une petite enveloppe

De ruban

D'une plaque de bois mince plus petite que le cahier

De sable, coquillages et étoiles de mer

De colle forte (epoxy en deux parties)

De crayon

D'un poinçon

De ciseaux

6. Faites une croix sur la couverture intérieure pour maintenir vos souvenirs : nouez le bout d'une longueur de raphia ou de ruban. Passez le raphia ou le ruban dans un trou à une des extrémités de la couverture et passez-le dans le trou opposé, en diagonale. Faites un nœud à l'extérieur et coupez. Recommencez l'opération pour l'autre côté de la croix.

7. Vaporisez l'adhésif sur la pièce de bois. Saupoudrez du sable dessus.

8. Élaborez un collage à partir des objets de votre collection et collez-les avec de la colle d'artisanat.

9. Marquez la position de votre collage sur la couverture avant de votre cahier. Appliquez de la colle forte sur la face interne du collage et pressez fermement en place, en faisant attention de ne pas briser les petits objets.

10. Coupez une longueur de ruban suffisante pour pouvoir la nouer tout autour du livre. Attachez-le à un des anneaux du centre de la reliure en spirale et nouez votre ruban avec un joli nœud.

CI-DESSOUS : *À l'intérieur des couvertures, il y a deux places pour pouvoir ranger des objets comme des billets, des photos, des coquillages et des cartes postales. Insérez les plus larges à l'intérieur de la croix de ruban. Les plus petits peuvent êtres placés dans l'enveloppe.*

Journal de voyage format de poche

Un petit journal format de poche, comme celui qui est montré ici, est un endroit parfait pour colliger vos souvenirs de voyage ou de vacances. Une fois encore, vous pouvez insérer de petites poches pour ranger ce qui évoque vos moments précieux.

VOUS AUREZ BESOIN

De 2 morceaux de panneau à livre
11 x 14 cm (4½ x 5½ po)

De 2 feuilles de papier thé fabriqué à la main
16,5 x 19 cm (6½ x 7½ po)

De colle à l'avoine

D'un petit pinceau

De 2 feuilles de papier thé fabriqué à la main
10 x 13 cm (4 x 5¼ po)

D'une molette (petit rouleau)

D'une brique enveloppée dans du papier (comme poids)

De 35 feuilles poids lettre de papier brun moyen
14 x 21 cm (5½ x 8½ po)

D'un lissoir

D'une pince

De 2 morceaux de ruban
3.5 cm (1 ⅜ po) de large, 30 cm (12 po) de long

D'un crayon

D'une aiguille à reliure

De 2 morceaux de cordelette noire cirée
75 cm (30 po) de long

De ciseaux

De colle blanche

D'un morceau de cuir brun
7 x 14 cm (2 ¾ x 5½ po)

D'une spatule

De 2 enveloppes en glassine
9,5 x 11 cm (3¾ x 4½ po)

1. Par la technique des couvertures rigides (voir pages 43 – 45), recouvrez chaque panneau à livre avec les feuilles de papier thé (16,5 x 19 cm (6½ x 7½ po)). Apposez une feuille de papier thé 10 x 13 cm (4 x 5¼ po) à l'arrière des panneaux et utilisez la molette pour étendre le papier de façon égale. Placez les couvertures de livre sous un poids jusqu'à ce qu'elles soient bien sèches. Ceci peut prendre au moins 24 heures, selon le degré d'humidité.

2. Préparez le bloc de texte en détaillant 35 feuilles de papier brun moyen en sept piles de 5 feuilles chacune. Avec le lissoir, pliez chaque pile en deux. Imprimez des lignes sur les pages ou laissez-les vides, comme vous le désirez.

3. Placez les sections en pile et mettez-les sous un poids pour environ trois à quatre heures. Retirez le poids et maintenez-les à la tête par une pince. Placez une longueur de ruban de 2,5 cm (1 po) sur le bas de la pile, avec un crayon, passez le crayon du haut en bas de la pile pour marquer chaque section. Répétez l'opération avec un ruban sur le haut du livre.

4. Retirez la pince qui retient les sections et percez des trous à chaque marquage. Chaque section aura quatre trous, deux de chaque côté où le ruban sera placé.

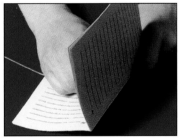

5. Passez une aiguille à reliure enfilée d'une cordelette. Commencez par coudre la première section en passant la cordelette à travers le trou n° 3. Tirez l'aiguille et la cordelette vers l'extérieur. Laissez une queue au fil 12,5 cm, (5 po) de long au-dedans de la section et passez dans le trou n° 4.

6. Passez le ruban dans la boucle de la cordelette et tirez-la pour maintenir le ruban en place.

7. Faites un double nœud dans la partie interne de la section.

8. Par l'intérieur, entrez dans le trou n° 2, sortez ensuite et entrez dans le trou n° 1. Placez le deuxième ruban dans la boucle et tirez la cordelette fermement.

9. Tirez la cordelette au travers du trou n° 2 vers l'extérieur de la section. Entrez dans le trou n° 2 de la section suivante et tirez la corde- lette vers l'intérieur. Entrez dans le trou n° 1 en tirant la cordelette vers l'extérieur et entrez dans le trou n° 2 à nouveau. Glissez le ruban dans la boucle et tirez la deuxième section pour la mettre en position sur la première section. Tirez bien la cordelette et entrez dans le trou n° 3. Continuez à coudre de cette façon jusqu'à ce que toutes les sections aient été ajoutées.

10. À la dernière section, nouez un double nœud à l'intérieur de la section.

11. Taillez les rubans à 4 cm (1½ po) sur le devant et sur l'arrière du livre.

12. Appliquez une fine couche de colle blanche sur le devant du ruban. Faites attention de ne pas en mettre sur les pages.

13. Placez un panneau de couverture sur le dessus du bloc de texte et lissez légèrement le ruban. La ligne du ruban devrait être parallèle avec celles du haut et du bas de la couverture du livre. Répétez avec le panneau de la couverture arrière du livre.

14. Appliquez une mince couche égale de colle blanche sur le morceau de cuir.

15. Positionnez le cuir sur le dos du livre en l'étirant doucement pour envelopper l'avant et l'arrière du livre.

16. Appliquez une mince couche de colle blanche sur la première page du livre.

17. Étendez la colle avec la spatule.

18. Lissez la page sur la couverture avec la molette. Cette technique est utilisée pour renforcer le bloc texte avec la couverture du livre. Répétez avec l'autre couverture.

19. Appliquez une mince couche de colle blanche sur une enveloppe glassine.

20. Placez l'enveloppe au centre de la couverture avant et avec la molette, lissez bien le tout. Répétez l'opération avec la seconde enveloppe glassine en l'apposant sur l'intérieur de la couverture arrière.

CONSEIL : *L'adhésif peut traverser certaines parties du ruban. Épongez doucement l'excès de colle et laissez sécher. La plupart des colles blanches sècheront en laissant un film clair et mat.*

Documentaire de voyage

En voyant cette boîte, personne ne pourrait se douter qu'elle soit autre chose qu'un colis mais en réalité, c'est une façon habile de sauvegarder les souvenirs précieux provenant de vos voyages. Si vous êtes trop occupé à vous amuser pour écrire un journal, une fois rentré à la maison, demandez à votre famille et à vos amis de garder vos cartes postales que vous pourrez ainsi colliger à votre retour pour vous souvenir des lieux lointains.

Les timbres étrangers font un très beau matériel décoratif. Utilisez-les pour doubler les étiquettes de cassettes vidéos qui sont visibles au travers de l'étui en plastique. Pour une authenticité accrue, utilisez des timbres originaux que vous vous enverrez à vous-mêmes !

1. Retirez le papier à l'intérieur des étuis de cassettes vidéos et replacez-les par un montage de souvenirs de voyage, comme des timbres, des parties de billets, des photos, etc.

VOUS AUREZ BESOIN

De 2 étuis de cassettes vidéos
(utilisez le type qui n'a pas d'encoche sur le bord latéral)

De souvenirs de voyage

De timbres

De papier brun

De corde

De cire à sceller

---

2. Collez les étuis ensemble dos à dos, de façon à ce qu'ils ouvrent du même côté.

3. Doublez l'intérieur des étuis avec du papier décoratif et de la colle d'artisanat (PVA). Coupez une bande de papier brun d'approximativement 10 x 45 cm (4 x 18 po). Collez de l'adhésif double face autour des côtés de l'étui en excluant le dos et fixez la bande de papier brun.

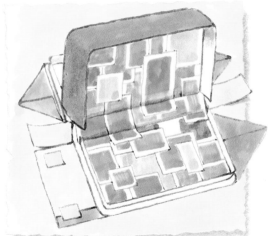

4. Ouvrez l'étui vidéo et coupez suffisamment de papier brun pour former un paquet autour de l'étui. Coupez le papier tel qu'indiqué, et repliez les deux bouts en excès vers l'arrière, pliez les extrémités restantes comme on le fait pour empaqueter un colis.

Gardez vos documentaires de voyages, cartes postales, lettres, photos et souvenirs à l'intérieur de ce colis habilement conçu.

5. Fermez les boîtes et collez-y les timbres de votre collection, si vous en avez. Sinon, vous pouvez acheter des timbres de collectionneurs.

6. Nouez les étuis comme un colis avec de la corde et faites couler un peu de cire à sceller sur la corde en arrière. Laissez la cire refroidir un peu avant de presser le sceau pour y laisser une impression.

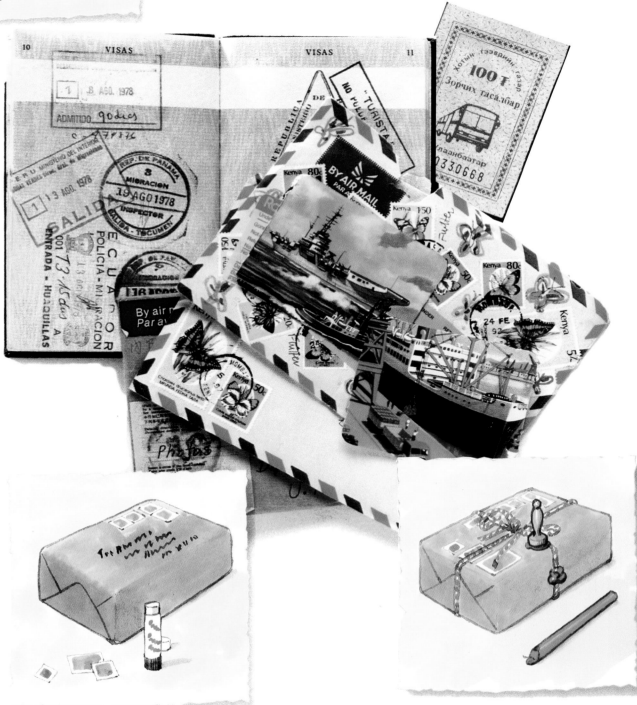

ALBUMS DE MONTAGE POUR TOUTES OCCASIONS

Ce chapitre envisage la fabrication d'une

sélection d'albums de montage qui peuvent

être utilisés pour toutes sortes d'occasions.

Les pages suivantes vous amènent à

découvrir une collection intéressante de

magnifiques albums de montage fabriqués

de matériaux divers comme des feuilles, des

coquillages, des plumes et des fleurs. En

fait, tout ce que vous trouvez peut être

utilisé ; il s'agit simplement d'agencer les

objets ensemble d'une façon esthétique et

créative qui vous plaira.

Album victorien

Cet album de montage est une célébration du concept victorien. Le tissu qui recouvre le livre est embossé avec un motif floral, le ruban est extravagant et les rangées de poches sont taillées dans du papier marbré fabriqué à la main.

1a. Construisez les panneaux. Coupez deux morceaux de panneau à reliure à la hauteur et à la largeur désirées. Mes panneaux sont de 30 x 27 cm (12 x 10½ po) Coupez du papier décoratif en huit bandes.
Hauteur = 10 cm (4 po) (ajustez ces mesures pour avoir des pochettes de profondeurs diverses)
Largeur = la largeur des panneaux plus 5 cm (2 po)

Coupez le tissu à recouvrir en 6 bandes
Hauteur = 6 cm (2½ po)
Largeur = la largeur des panneaux plus 5 cm (2 po)

Appliquez des bandes d'adhésif sensible à la pression à l'endroit du tissu à recouvrir, sur un des côtés les plus longs. Ne pelez pas tout de suite le ruban de papier encollé. Appliquez des bandes d'adhésif sur l'envers du papier décoratif, sur les côtés les plus longs. Ne pelez pas tout de suite le ruban de papier encollé. Appliquez une bande d'adhésif sur toute la largeur du bas de chaque panneau. Ne pelez pas tout de suite le ruban de papier encollé.

1b. Faites adhérer le papier décoratif sur les bandes du tissu à recouvrir. Pelez le papier encollé sur un côté du papier décoratif. Pressez le papier sur le tissu, approximativement à 0,3 cm (⅛ po) du bord du tissu où il n'y a pas d'adhésif. Roulez le papier et pelez le ruban encollé du tissu, pressez le papier sur le tissu. Répétez avec les 5 autres bandes. Si votre tissu a tendance à bouger, trempez votre doigt dans un peu de colle PVA et étendez-la le long du bord du tissu en le scellant.

Note : Les images illustrant la 2ème étape sont un modèle, à l'échelle réduite, des panneaux originaux.

2a. Assemblez les panneaux. Placez un des deux papiers décoratifs face vers le bas sur votre plan de travail. Ôtez le papier encollé de l'extrémité du bas. Positionnez la partie droite du panneau (le côté avec la bande adhésive du côté du bord de queue) sur le papier, centrez de droite à gauche et approximativement à 3 cm (1 ¼ po) du bord de la tête. Pressez.

2b. Coupez les coins en restant à 1½ épaisseur de panneau du bord.

2c. Appliquez l'adhésif sur les rabats des deux côtés (dos et extrémité).

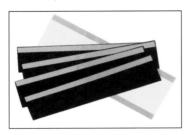 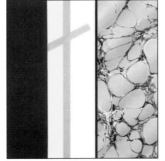

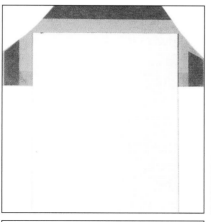

2d. Ramenez le rabat de tête sur le panneau et pincez les coins.

2e. Pressez les deux rabats des côtés sur le panneau.

2f. Pour attacher la première pochette, marquez le panneau à la position. Pelez la bande de papier encollé et collez la pochette au bas. Répétez avec la seconde pochette. Pour fixer la troisième pochette, marquez sa position, ôtez la bande de papier encollé du bord le plus bas du panneau et collez la pochette au bas.

2g. Retournez le panneau et complétez les rabats. En commençant par la pochette supérieure, appliquez des bandes adhésives pour les rabats des côtés, pressez-les sur le panneau. Répétez avec la seconde pochette. À la troisième pochette, coupez d'abord les coins et ensuite ramenez le long rabat (queue) avant ceux des deux côtés.

2h. Répétez la deuxième étape pour compléter le second panneau.

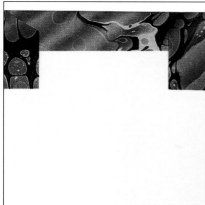

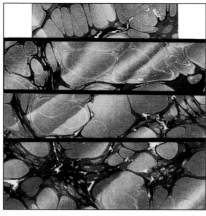

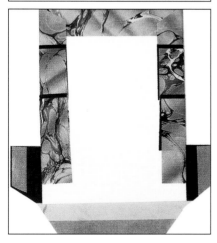

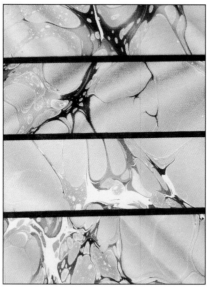

DÉCOUPEZ LES PIÈCES DE L'ÉTUI

L'étui est composé de trois parties : l'avant, l'arrière, fabriquées de panneau à reliure, et le dos, coupé dans du carton flexible (Bristol). Il n'y a pas de joint d'espacement. Faites bien attention à la direction du grain qui va, comme toujours, de la tête à la queue.

COUPEZ LES PANNEAUX AVANT ET ARRIÈRE DE L'ÉTUI
Hauteur = la hauteur du panneau plus
0,5 cm (¼ po)
Largeur = la largeur du panneau plus
0,5 cm (¼ po)

COUPEZ LA PIÈCE DU DOS
Hauteur = la hauteur des panneaux plus
0,5 cm (¼ po)
Largeur = l'épaisseur des deux panneaux plus
l'épaisseur des deux morceaux de l'étui, plus
deux épaisseurs du tissu à recouvrir, plus
0,3 cm (⅛ po)

COUPEZ LE TISSU SERVANT À RECOUVRIR LE LIVRE
Hauteur = la hauteur des panneaux de l'étui
plus 4 cm (1½ po)
Largeur = la largeur des panneaux de l'étui,
étalés, plus 4 cm (1½ po)

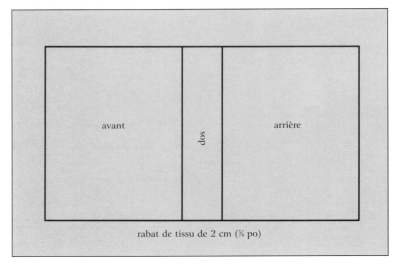

grain — avant — dos — arrière — rabat de tissu de 2 cm (¾ po)

3. Construisez l'étui en collant les panneaux de l'étui et en les faisant adhérer au tissu (voir le dessin ci-dessus). Coupez les coins et complétez les rabats.
Coupez une bande de charnière dans le tissu à recouvrir
Hauteur = la hauteur des panneaux
Largeur = la largeur du morceau du dos plus 5 cm (2 po)

Appliquez le mélange de colle sur le tissu, centrez-le sur le dos et pressez-le fermement en place.
Utilisez votre lissoir pour imprimer fermement les bords de l'étui au travers du tissu.
Remplissez l'étui. Coupez deux morceaux de retailles de papier assez larges pour remplir les endroits exposés du panneau à l'intérieur de l'étui. Appliquez le mélange de colle sur ces papiers et faites-les adhérer. Ceci va contrebalancer l'étirement des panneaux vers l'extérieur de l'étui. Placez l'étui terminé de côté, entre des feuilles de papier journal, sous un panneau et un poids pour le séchage.

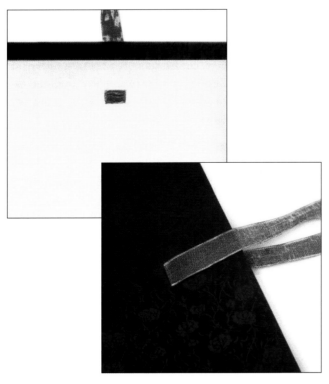

4a. Fixez les attaches de ruban. Faites un modèle pour déterminer l'emplacement des attaches. Placez l'étui face au-dessus, sur une surface de travail protégée. Transférez votre marque sur l'étui et incisez. Répétez sur l'arrière du panneau.

4b. À l'aide de votre microspatule, insérez les rubans au travers des fentes et collez-les en place.

5. Finalement, collez les panneaux à l'étui. Appliquez de la colle PVA non diluée sur la face envers du panneau. Retirez l'excès de colle sur les côtés. Centrez le panneau sur le panneau de l'étui, pressez-le en position. Tenez-le fermement pendant une ou deux minutes, jusqu'à ce que la colle commence à sécher. Mettez-le à sécher avec des feuilles de papier journal, un panneau et un poids par-dessus. Répétez ces étapes pour attacher le second panneau, en vérifiant que les pochettes sur les panneaux soient dans la même direction. Placez l'étui terminé sous un poids pour plusieurs heures.

Album naturel

Ce livre a été réalisé avec une variété de papiers fabriqués à la main avec juste un brin de couleur pour faire ressortir la chaleur des matériaux naturels. Les liens sont faits de corde de chanvre nouée et ornée d'un collier brisé provenant de la Thaïlande et de quelques perles, alors que le fermoir est fait d'un morceau de bois flottant, trouvé sur une plage du pays de Galles.

VOUS AUREZ BESOIN

D'un panneau gris

De papier pour les pages

De papier pour support

De papier pour pages de garde

De papier à couvrir

D'une corde, cordon ou fil de lin ciré

D'une sélection de perles

De bois flottant ou goujons minces

Du fil à couture assorti

Du fil coloré pour fixer les points d'attache

De colle PVA

De colle à base de farine de blé

De papier ciré pour presser

Un album de montage peut contenir du papier assez épais pour autant qu'il ait le soutien correspondant au dos afin de supporter le surplus de volume et empêcher le livre de se déformer. Les supports, dans ce livre en particulier, sont fabriqués de papier de soie indienne et de retailles de papier de la couverture. Les supports sont déchirés au lieu d'être coupés, ce qui leur donne une apparence plus douce, plus en harmonie avec l'aspect du livre.

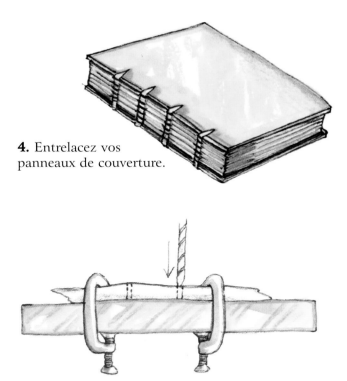

4. Entrelacez vos panneaux de couverture.

1. Pliez le papier pour les pages. Déchirez les supports de papier à la taille désirée et placez un support de papier (ou deux si le papier est réellement très mince) entre chaque feuille de papier. Assemblez en sections.

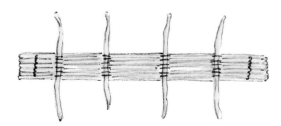

2. Cousez les sections aux cordes ou à des languettes en utilisant le fil de couture assorti.

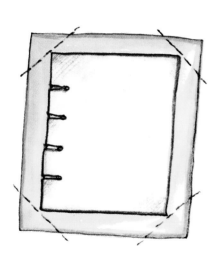

3. Coupez deux panneaux de 3 mm (1/8 po) plus larges que les papiers pour la tête, le pied et les côtés extérieurs. Marquez les panneaux pour lacer les cordes, coupez les replis sur l'avant et l'arrière du panneau. Couvrez les panneaux, coupez et collez les coins et les rabats.

5. Fabriquez le fermoir en trouant le bois flottant ou le goujon avec une petite perceuse. Vous aurez besoin de serrer le bois avec un serre-joint pour le maintenir en position. Pensez à utiliser des restants de panneaux pour protéger votre surface de travail.

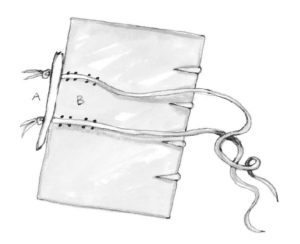

6. Faites deux attaches de ficelle, corde, fil ou cordon, de cinq fois la largeur du livre et attachez-les à chaque bout du fermoir (A). Ensuite, prenez les deux attaches, placez-les sur la couverture et marquez les positions de couture (B).

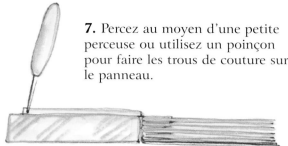

7. Percez au moyen d'une petite perceuse ou utilisez un poinçon pour faire les trous de couture sur le panneau.

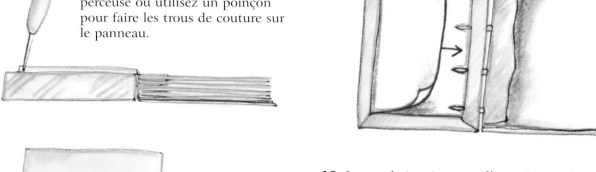

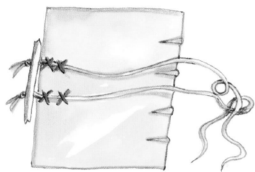

10. La prochaine étape est l'insertion, qui est option- nelle et qui peut être appliquée à plusieurs projets dans ce livre. L'insertion donne un fini de bon goût à l'inté- rieur des panneaux et vous permet d'effacer les bosses et les marques causées par le laçage et la couture.

8. Fixez les attaches avec quelques points de votre choix, utilisez du fil de couleur. Vous aurez peut-être besoin de coudre au travers des attaches car elles peuvent glisser.

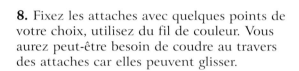

11. Coupez les pages de garde de la même taille que celles de papier du livre. Collez-les avec la pâte de farine de blé et mettez une feuille de papier ciré ou de buvard entre elles. Ensuite, mettez un morceau de papier épais (avec un bord déchiré) sous les attaches sur le panneau arrière pour éviter des impressions indésirables. Mettez le livre sous pression entre des feuilles de papier ciré et laissez les panneaux sécher toute la nuit. Lorsque les pages de garde sont sèches, on peut enrouler les cordes autour du livre et les tourner autour du fermoir.

9. Enroulez les attaches autour du livre, en nouant et en dirigeant les cordes de la façon désirée. Lorsque vous serez satisfait de la façon dont les attaches sont disposées, déroulez-les.

Album avec fenêtre

Une fenêtre sur le devant de votre album peut convenir pour y mettre une photo ou un dessin qui illustrera le thème de votre album de souvenirs. L'utilisation d'entretoises (joints d'espacement) vous permettra d'ajouter des photos, découpures et souvenirs particuliers aux pages de cet album..

Vous pouvez ajouter une touche finale à la couverture de votre album de montage avec du papier coloré fabriqué à la main et des souvenirs de vos vacances passées.

VOUS AUREZ BESOIN

De pâte de farine de blé

D'un petit pinceau

De 2 feuilles de papier pétales et mousse fabriqué à la main *35 x 43 cm (14 x 17 po)*

De 2 morceaux de panneau à livre *30 x 30 cm (12 x 12 po)*

De 2 feuilles de papier fabriqué à la machine, jaunes *25 x 28 cm (10 x 11¼ po)*

De colle blanche

D'une molette

D'une brique enveloppée dans du papier, *pour le poids*

De 10 feuilles de papier fabriqué à la machine, blanches *29,5 x 33 cm (11¾ x 13½ po)*

D'une règle

D'une crayon

D'un lissoir

De 2 pinces

D'une feuille de papier *(servira de modèle pour faire les trous de reliure)*

D'un marteau

D'une alêne

D'une aiguille à reliure

D'un morceau de corde en cuir, couleur tan *110 cm (40 po) de long*

D'une brindille ou d'une petite baguette

D'un couteau exacto

D'une règle de métal

D'un tapis à découper

D'une feuille de papier pétales et mousse fabriqué à la main *21 x 28 cm (8½ x 11 po)*

1. Encollez, avec la pâte, une feuille de papier pétales et mousse de 35 x 43 cm (14 x 17 po) et apposez-la sur le panneau de couverture arrière du livre. Répétez l'opération avec le panneau de couverture avant en donnant une attention spéciale à la taille des coins.

2. Appliquez une feuille de papier machine jaune à l'intérieur de chaque couverture, utilisez la colle blanche. Passez la molette pour bien l'étendre. Placez les deux couvertures sous pression pour le séchage pendant 24 à 48 heures ou jusqu'à ce que le tout soit bien sec.

3. Créez une entretoise entre chaque page intérieure en pliant un rabat de 3,5 cm (1½ po) à partir du bord et marquez le pli avec votre lissoir. La page pliée devrait mesurer maintenant 29,5 x 29,5 cm.

4. Répétez avec chaque page.

CONSEIL : *C'est toujours une bonne idée d'ajouter des entretoises à un album de montage quand on sait qu'il sera rempli d'objets volumineux. L'espace ajouté entre chaque feuille réduit le gonflement en laissant de l'espace pour ajouter de l'épaisseur.*

5. Pour assembler les couvertures et les pages du livre, placez d'abord la couverture arrière face en bas, avec la partie jaune sur le dessus. Placez la pile de pages sur la couverture et assurez-vous que chacune ait le pli du rabat sur la gauche, face au-dessus. Finalement, placez la couverture avant sur la pile, avec le côté papier pétales et mousse sur le dessus et la charnière à main gauche. Maintenez le livre avec des pinces à la tête et à la queue du livre.

6. Créez un modèle en papier pour marquer les trous de reliure comme suit :
a) quatre trous à 2,5 cm (1 po) d'écart du dos et 2,5 cm (1 po) d'écart de la tête et de la queue, ainsi qu'un écart de 8 cm (3¾ po) entre chaque trou.
b) trois trous à 2 cm (¾ po) de la tête et de la queue, avec 8 cm (3¼ po) d'écart entre chacun.

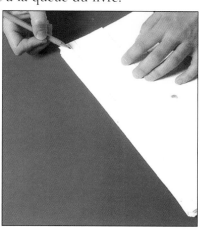

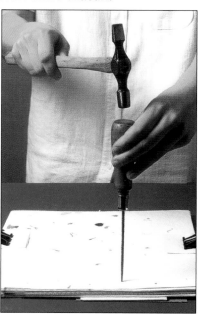

7. En utilisant un marteau et une alêne, percez les trous au travers des couvertures et du bloc de texte.

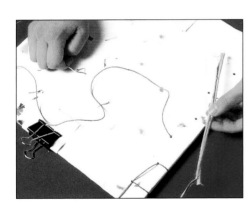

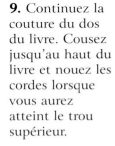

8. Enfilez l'aiguille à reliure avec un fil de cuir et commencez la couture de l'arrière du livre. Au troisième trou à partir du haut, placez la brindille et exécutez quelques points par-dessus pour la maintenir en place.

11. Retournez le cadre et passez la molette pour le lisser convenablement.

9. Continuez la couture du dos du livre. Cousez jusqu'au haut du livre et nouez les cordes lorsque vous aurez atteint le trou supérieur.

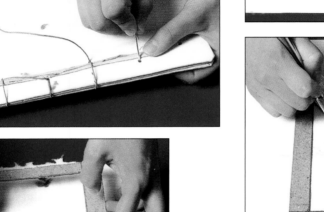

12. Avec une règle de métal et l'exacto, taillez deux fentes en diagonale. Ceci créera 4 triangles de papier au centre du cadre.

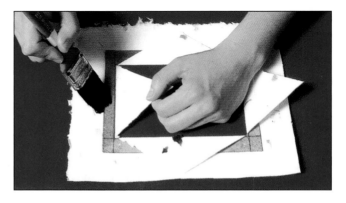

10. Afin de créer un cadre pour la couverture du livre, coupez un rectangle mesurant 11 x 14 (4½ x 5½ po) au centre du panneau. Travaillez sur un tapis à découper pour protéger votre surface de travail. Le cadre restant devrait mesurer 14 x 18 cm (5½ x 7 po) avec le haut et le bas du cadre de 2 cm (1 po) de large et les côtés gauche et droit du cadre de 2,5 cm (1 po) de large. Appliquez la pâte de farine de blé sur le cadre et placez-le sur une feuille de papier pétales et mousse de 21 x 28 cm (8½ x 11 po).

13. Pliez les triangles de papier par-dessus le cadre et fixez-les en utilisant la pâte.

14. Taillez l'excédent de papier, laissez un rabat de 2,5 cm (1 po) de chaque côté.

17. Appliquez une mince couche de colle blanche sur les côtés droit et gauche du bas du cadre. Laissez le côté du haut sans colle pour permettre l'insertion de la photo dans le cadre.

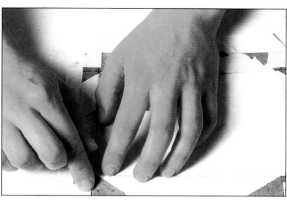

15. Taillez les coins, collez-les en position.

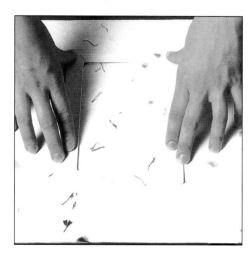

18. Placez le cadre avec le côté encollé vers le bas sur la couverture du livre et positionnez-le avec le côté non encollé, tête vers le haut du livre.

16. Encollez les extrémités, lissez-les en position.

Chaque morceau de papier fabriqué à la main est unique. Les exemples présentés ici ont été fabriqués à partir d'un assortiment de différentes pétales et feuilles.

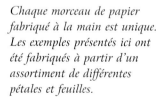

Album avec fenêtre (2)

Voici une variation d'un album de montage avec fenêtre : le panneau découpé sur l'avant vous permet d'élaborer une conception de couverture combinée avec la page titre. La petite image utilisée sur la couverture de ce livre est une coupe de lino fabriquée avec de l'encre d'imprimerie à base d'eau et peinte à la main avec des couleurs à l'eau. L'image est montée sur une base en papier d'écorce mexicain qui établit un lien visuel entre la couleur des pages et le papier couverture. La reliure est élégante et facile à faire avec ses œillets et son cordon de soie.

VOUS AUREZ BESOIN

D'un panneau gris

De papier couverture œillets

De papier pour les pages

De papier à doublure

De papier ciré pour presser

D'un cordon pour reliure

D'un imprimé, d'un dessin, d'une photo etc. pour la couverture avant

D'un ruban à masquer

De colle PVA et pâte à la farine de blé

D'un couteau / scalpel

D'un tapis à découper

D'une règle de métal

D'un lissoir

De diviseurs

De pinceaux à colle et à pâte

D'un poinçon à œillets

De panneaux pour presser

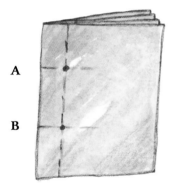

2. Mesurez la hauteur du livre et divisez par trois. Poinçonnez ou percez des trous aux deux positions (A et B) au travers de chaque section.

3. Découpez deux panneaux de couverture de 3 mm (⅛ po) plus grands que le pourtour du livre. En utilisant une des sections comme modèle, transférez la position des trous sur les deux panneaux et percez les trous.

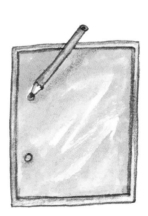

4. Mesurez 2 cm (¾ po) du dos du panneau (où vous venez de percer les trous) et découpez ce morceau. Répétez avec l'autre panneau et mettez les bandes de dos de côté.

5. Taillez et ôtez 5 mm (¼ po) sur le bord des deux plus grandes pièces de panneau (A) pour le joint d'espacement.

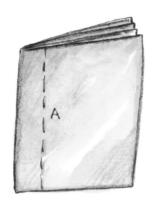

1. Coupez et pliez le papier pour les pages à la bonne taille. Ce modèle a quatre sections de quatre pages mais vous pouvez en utiliser autant que vous le voulez. Avec les diviseurs, marquez à 2 cm (¾ po) du pli de chaque section. Avec votre lissoir et votre règle, marquez le pli le long de ces points (A).

6. Montez votre image sur un morceau de papier décoratif et coupez-la de la bonne grandeur. Dans cet exemple, c'est 4,5 x 5 cm (1¾ x 2 po).

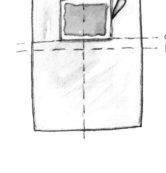

7. Pour couper la fenêtre dans la couverture avant, trouvez le point central en divisant la couverture de moitié sur la longueur et la largeur (A et B). Mesurez 1 cm (½ po) au-dessus de la ligne centrale (C), positionnez votre illustration et ajoutez 5 mm (¼ po) de chaque côté. Coupez la partie à l'intérieur de cette bordure.

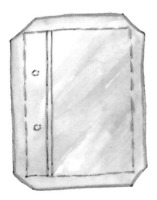

8. Coupez deux bandes de tissu à livre, 3 cm (1¼ po) de large et de la longueur des panneaux, fixez chaque bande de tissu aux bandes de dos avec de la colle.

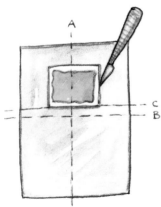

9. Marquez deux points sur le tissu à 5 mm (³⁄₁₆ po) d'écart du bord du morceau du dos (A), encollez l'extrémité de la partie intérieure du panneau de couverture et fixez-la au tissu (B).

11. Coupez deux morceaux de papier à recouvrir, approximativement de 2 cm (¾ po) plus grands que les panneaux, sur chacun des quatre côtés. Encollez les panneaux et appliquez le papier en frottant légèrement vers le bas avec un morceau de papier propre. Taillez les rabats de 1,5 cm (⅝ po), pliez et coupez les coins comme d'habitude et collez les rabats. Laissez sécher les panneaux entre des feuilles propres ou du papier ciré et des panneaux à presser.

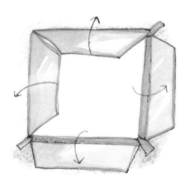

10. Coupez 10 petites bandes de papier à recouvrir de 3 x 8 mm (⅛ x ⅜ po) et collez-les autour des coins de la fenêtre sur le panneau avant.

12. Pour retourner le papier à recouvrir dans la fenêtre, coupez le papier tel qu'illustré, c'est-à-dire en diagonales dans chaque coin. Taillez les rabats à 1,5 cm (⅝ po) et collez-les. Avec le lissoir, travaillez soigneusement le papier dans les coins de la fenêtre. Lorsque la colle est sèche, taillez les rabats à l'intérieur de l'arrière du panneau à 3mm (⅛ po) pour plus de netteté.

15. Coupez au travers du papier qui recouvre les trous percés et détaillez l'excédent dans les cavités. Puis ensuite, posez les œillets avec un poinçon à œillet.

13. Coupez deux morceaux de papier à doublure de 3 mm (⅛ po) plus petits que les panneaux, sur le pourtour. Placez un des morceaux de doublure sur le panneau avant et maintenez-le temporairement avec du ruban à masquer. Retournez le panneau et transférez les lignes de coupe sur le papier doublure en traçant au lissoir les côtés de la fenêtre. Retirez le papier du panneau et détachez le ruban à masquer.

16. Collez votre illustration dans la fenêtre de la couverture avant de votre livre et laissez sécher entre des feuilles de papier ciré, sous un poids et les panneaux à presser.

17. La finition de votre journal se fera en passant le cordon au travers des œillets, tel qu'illustré dans le diagramme et en nouant chaque extrémité pour prévenir l'effilochage.

14. Coupez le carré du papier doublure en ôtant un extra de 1 mm (¹⁄₁₆ po) pour permettre l'épaisseur du papier à recouvrir. Encollez les papiers doublures avec la pâte à la farine et posez-les sur les panneaux, frottez pour bien égaliser. Ensuite, mettez-les sécher entre des feuilles de papier ciré ou de buvard, avec un poids et les panneaux à presser.

Album mosaïque

Pour ce projet, vous devrez garder tous les jolis papiers d'emballage de bonbons car lorsqu'on les lisse, ils deviennent de merveilleuses décorations. Ici, nous avons découpé une cavité dans laquelle nous avons placé les papiers de bonbons en aluminium. Quelques couches de vernis à l'eau protègent l'aluminium et lui confèrent une qualité semblable à celle des bijoux. Les pages de garde ont été décorées avec des flocons d'aluminium pour rappeler la couverture

1. Décidez de quelle portion de votre livre vous désirez allouer à la décoration et établissez un brouillon du modèle sur un papier. Marquez l'endroit que vous utiliserez sur le livre. Avec le scalpel ou l'exacto, détaillez une cavité de 1mm (⅟₁₆ po) tout au long des lignes, dans la couverture.

VOUS AUREZ BESOIN

D'un cahier de dessin d'artiste

D'emballages de bonbons colorés

De ruban adhésif double face

De vernis soluble à l'eau

De cordons élastiques de couleurs,

De sequins

D'un crayon et d'encre

D'une règle

D'un scalpel ou exacto

De ciseaux

De pinceaux

2. Avec le bout du couteau, détachez doucement le premier coin. Vous devriez être capable, à partir de là, d'ôter toute la couche.

3. Lissez vos papiers d'aluminium avec votre doigt ou un instrument plat. Fixez un morceau d'adhésif double face à l'envers de chaque morceau que vous désirez utiliser.

5. Collez les morceaux de papiers d'aluminium dans la cavité. Vous pouvez soit étendre vos couleurs d'arrière-plan en premier et les autres pièces par la suite, ou simplement les placer ensemble, comme un casse-tête.

4. Coupez la forme que vous désirez dans le papier d'aluminium et ôtez le papier encollé de l'adhésif, tel que requis.

6. Appliquez plusieurs couches de vernis soluble à l'eau (les vernis à solvant peuvent ternir ou même effacer les couleurs de l'aluminium). Laissez chaque couche sécher avant d'appliquer la suivante.

7. Collez les cordons élastiques de couleur tout autour de la cavité et apposez un sequin à caque coin avec de la colle.

9. Taillez des flocons d'aluminium dans vos retailles pour orner vos pages de garde. Pelez le ruban encollé et posez-les selon votre goût.

8. Peignez les pages de garde avec les encres. Choisissez les couleurs en rapport avec votre arrangement. Si vous désirez une couleur très riche, appliquez plusieurs couches d'encre en laissant bien sécher entre les applications.

10. Appliquez du vernis sur vos pages de garde décorées pour les protéger.

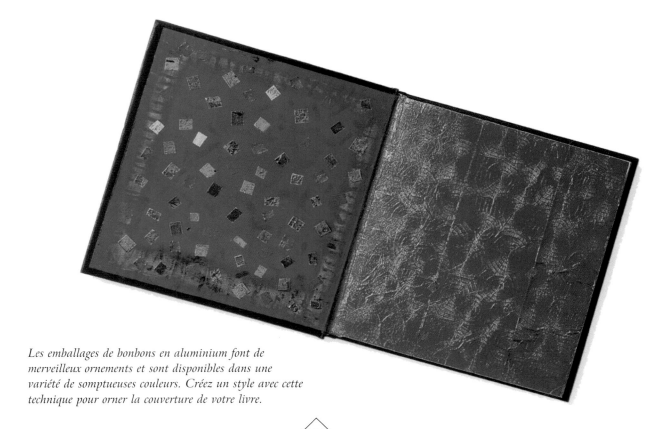

Les emballages de bonbons en aluminium font de merveilleux ornements et sont disponibles dans une variété de somptueuses couleurs. Créez un style avec cette technique pour orner la couverture de votre livre.

VARIATION

Pour créer une fenêtre avec des pétales de roses, découpez un rectangle au travers de la couverture avec votre scalpel/exacto. Coupez deux morceaux d'acétate de 1 cm (½ po) plus grands que la fenêtre. Placez du papier fabriqué à la main avec les pétales de roses entre les deux feuilles d'acétate et collez-les ensemble avec de la colle d'artisanat. Insérez la pièce à l'intérieur de la couverture avant et cachez les bords de la fenêtre avec du fil doré.

Nos petits trésors

Ce livre a été conçu pour ceux et celles qui adorent collectionner toutes sortes de petits objets qu'on range généralement dans une boîte au fond d'un tiroir et qu'on oublie par la suite. Il y a même un tiroir pour les collectionneurs de monnaie afin de pouvoir ranger les objets plus volumineux ou plus délicats, et les pages de tissu peuvent être utilisées pour y coudre des fragments de rubans, de tissu ou de dentelle afin de les garder en sécurité.

VOUS AUREZ BESOIN

D'un panneau de mousse *(polyboard)*

De rubans assortis

De tissu de couverture

D'un fermoir à anneaux

De toile à fusionner

D'un tiroir de collectionneur de monnaie avec plateau et compartiments

De feuilles de plastiques ou d'un acétate transparent

1. Coupez un morceau de panneau de mousse et un morceau de toile à fusionner, chacun de 28 x 35 cm (11 x 14 po) Le panneau est là comme support. Coupez les rubans à 34 cm (13¾ po) de long, épinglez-les du haut en bas au travers de la toile à fusionner et du panneau de mousse pour former la chaîne.

2. Coupez des rubans de trame à 27 cm (10¾ po) de long et tissez-les par au-dessus et par en dessous de la chaîne de rubans jusqu'à ce que le panneau soit recouvert. Épinglez les rubans de trame à chaque extrémité. Couvrez le tissage de rubans avec un tissu à presser propre et repassez au fer chaud pour fusionner les rubans sur la toile. Retirez le tissage de rubans du panneau de mousse et pressez les rubans de trame encore une fois sur l'envers.

Le couvercle est fait de rubans tissés. Exercez-vous à cette technique avant de le faire sur le couvercle même et jouez avec les coloris pour avoir une combinaison de couleurs harmoniseuses.

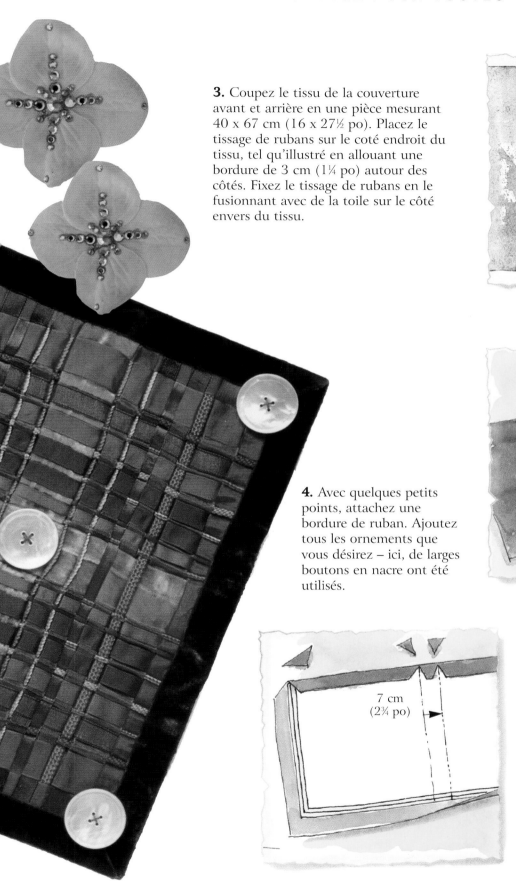

3. Coupez le tissu de la couverture avant et arrière en une pièce mesurant 40 x 67 cm (16 x 27½ po). Placez le tissage de rubans sur le coté endroit du tissu, tel qu'illustré en allouant une bordure de 3 cm (1¼ po) autour des côtés. Fixez le tissage de rubans en le fusionnant avec de la toile sur le côté envers du tissu.

4. Avec quelques petits points, attachez une bordure de ruban. Ajoutez tous les ornements que vous désirez – ici, de larges boutons en nacre ont été utilisés.

5. Coupez un morceau de panneau en mousse de 35 x 60 cm (14 x 24 po). Coupez partiellement deux lignes parallèles à une distance de 7 cm (2¾ po) pour construire le dos et le centre du livre. Sur la partie non découpée du panneau en mousse, faites, une bordure de ruban adhésif double face. Placez la partie découpée du panneau sur l'envers du tissu à recouvrir. Assurez-vous que le panneau de rubans soit dans la bonne position, repliez les bords du tissu et collez-les soigneusement sur les bandes d'adhésif. Veillez à ce qu'il y ait suffisamment de jeu pour ouvrir et fermer le livre.

7 cm
(2¾ po)

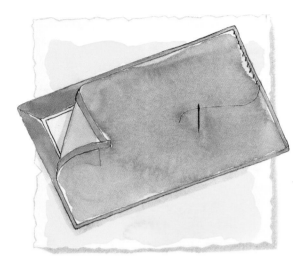

6. Coupez un morceau de tissu de 36 x 62 cm (14 ½ x 24 ½ po) pour la couverture intérieure. Repassez un ourlet de 1 cm (½ po) tout autour et placez-le sur le panneau recouvert pour qu'il colle sur l'adhésif restant. Cousez au point invisible tout autour du bord pour terminer la couverture.

8. Coupez une bande de panneau de mousse de 2,5 x 85 cm (1 x 34 po). Mesurez 30 cm (12 po) en partant de chaque extrémité, taillez partiellement, pliez ensuite la bande en forme de U, tel qu'illustré. Collez ceci en position sur l'intérieur de la couverture arrière. Maintenez de la pression avec un livre pendant le séchage.

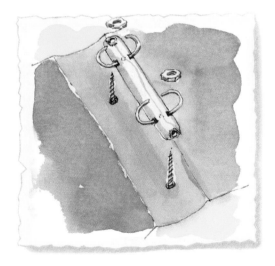

7. Posez un fermoir à anneaux dans la bonne position sur l'intérieur du dos et percez les trous correspondants à travers le panneau de mousse. Attachez-le avec de petites vis et boulons.

9. Collez les couvercles de plastique du tiroir de collectionneur sur la forme en U, tout au long des côtés. Collez un ruban de velours de 2 cm (¾ po) autour des côtés du support du tiroir et un ruban de 1 cm (½ po) sur les côtés supérieurs pour recouvrir et faire la finition des joints.

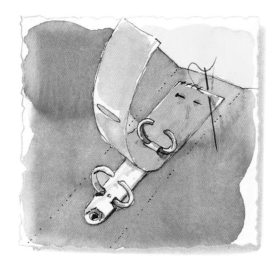

10. Pour fabriquer les pages, coupez des morceaux de tissu résistant (la toile de lin a été utilisée pour ce projet) approximativement 32 x 34 cm (13 x 14 po) et repassez un morceau de toile à fusionner de la même taille sur chacune. Avec les ciseaux dentelés, coupez le tissu ainsi soutenu pour qu'il mesure 30 x 32 cm (12 x 13 po) . Coupez une bande de carton mince de 2,5 x 30 cm (1 x 12 po) pour chacune des pages. Pliez le tissu du côté de la toile, insérez la bande de carton et repassez le pli pour maintenir le tout en place, tel qu'illustré. Utilisez un poinçon pour faire les trous et placez les pages dans le fermoir.

11. Vous pouvez choisir de couvrir le fermoir à anneaux de l'album. Cependant, pour le présent projet, il a été laissé à découvert. Pour le recouvrir, coupez un morceau de tissu ou une large bande de ruban de velours suffisamment grande pour couvrir le fermoir. Coupez deux fentes pour les anneaux et cousez en place.

CONSEIL : *Si vous ne pouvez pas acheter un fermoir à anneaux, détachez-en un d'un vieux classeur et collez-le sur le dos de l'album*

Album à festons en coquille

Les festons en coquilles forment ce petit album original qui vous permettra d'écrire vos poèmes, vos impressions, vos pensées spéciales ou d'y mettre ces petits objets que vous voulez garder. Les pages ont été grossièrement déchirées à partir de papier chiné pour ajouter un effet plus organique à la nature du livre et la reliure en élastique permet de l'ouvrir à plat. Pour terminer, les coquilles ont été brunies à la cire métallique, ce qui ajoute cette touche un peu spéciale.

Les pages grossièrement déchirées sont placées en sandwich entre les deux coquilles plates pour faire un petit livre original et organique.

1. Avec un crayon, marquez deux fentes égales sur le côté plat de chaque coquille. Maintenez la coquille avec du mastic. Position-nez-la sous le serre-joints et percez aux endroits indiqués.

2. Tracez le contour de la coquille sur le papier chiné, n'oubliez pas de marquer les trous.

3. Déchirez le papier grossiè-rement aux extrémités. Vous aurez besoin d'à peu près 50 coquilles pour le livre.

4. Perforez les feuilles en faisant des trous de la taille de votre élastique ou ruban – possible-ment de 3 mm (⅛ po).

5. Passez l'élastique ou le ruban à partir de la coquille du dessous, au travers de toutes les pages, jusqu'à la coquille du dessus.

6. Croisez l'élastique ou le ruban par-dessus le dos du livre, insérez-le ensuite dans le deuxième ensemble de trous.

7. Nouez ensuite les extrémités autour de l'élastique en diagonale, en formant une croix. Avant de couper les extrémités, assurez-vous de leur solidité.

VOUS AUREZ BESOIN

De 2 coquilles plates
(Disponibles dans la plupart des magasins d'artisanat ou les marchands de fruits de mer)

De papier chiné ou tacheté dans des tons de bord de mer

D'un élastique rond ou de ruban

De cire métallique Or/Argent et d'un chiffon doux

De mastic *(Blu-tack)*

D'un serre-joints

D'une perceuse et mèche fine

D'un poinçon à trous

De ciseaux

8. Avec un chiffon doux, polissez la coquille avec de la cire métallique, or ou argent.

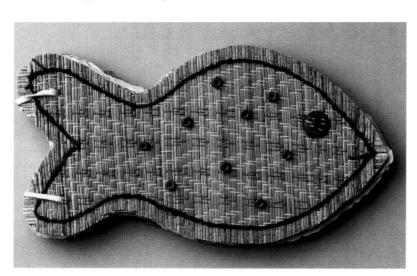

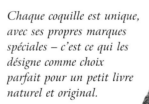

Chaque coquille est unique, avec ses propres marques spéciales – c'est ce qui les désigne comme choix parfait pour un petit livre naturel et original.

VARIATION

Vous pourriez utiliser une vieille natte de plage en paille et du papier tacheté pour fabriquer un livre de style organique en forme de poisson afin d'y inscrire vos impressions de plage.

1. À partir d'un modèle en forme de poisson, coupez huit formes de poisson identiques sur un morceau de natte de plage. Étagez quatre poissons un par-dessus l'autre et cousez tout autour de la forme, avec de la laine résistante, en point arrière à 1 cm (½ po) du bord. Répétez l'opération pour la couverture arrière. Coupez du papier en forme de poisson.

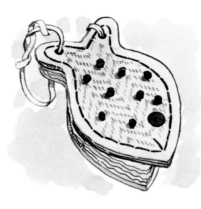

2. Pratiquez deux petits trous dans la queue de chaque poisson avec la pointe d'un couteau bien aiguisé. Cousez un bouton pour l'œil du poisson et des perles ça et là. Insérez les pages entre les couvertures. Passez l'élastique au travers des pages et attachez solidement.

Album à vis extensibles

Ce livre est à la fois joli et pratique. Les pages peuvent facilement être ôtées ou ajoutées en raison de la reliure à vis extensibles. Le fermoir en raphia orne l'album de façon attrayante et complète bien le style du papier de couverture fabriqué à base d'herbe.

Le nœud en raphia s'harmonise bien au papier fabriqué à la main.

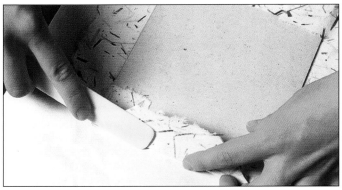

VOUS AUREZ BESOIN

D'une feuille de panneau de livre
14 x 19 cm (5½ x 7½ po)

D'une feuille de panneau de livre
14 x 15 cm (5½ x 6 po)

De 2 feuilles de papier fabriqué à la main à base d'herbe
21 x 28 cm (8½ x 11 po)

De pâte de farine de blé

D'un petit pinceau

De colle blanche

De 2 longueurs de raphia

De 2 feuilles de papier fabriqué à la main à base d'herbe
12,5 x 18 cm (5 x 7 po)

D'une brique enveloppée dans du papier, comme poids

De 2 feuilles de papier velum de poids moyen, blanches

De 15 feuilles de papier classique de coton, fabriqué à la main
12.5 x 18 cm (5 x 7 po)

D'une feuille de panneau de livre pour modèle
2.5 x 14 cm (1 x 5½ po)

D'un marteau

D'une alêne

De 2 ensembles de vis extensibles

D'un tournevis

1. Encollez et recouvrez les panneaux de couverture avant et arrière avec le papier fabriqué à la main à base d'herbe.

2. Coupez ou déchirez un petit morceau de papier d'une grandeur approximative de 5 x 7,5 cm (2 x 3 po). Appliquez une couche de colle blanche sur le papier. Placez un morceau de raphia à l'extrémité du livre et couvrez-la avec le morceau de papier encollé. Répétez avec la couverture arrière.

3. Encollez et appliquez une feuille de papier, fabriqué à la main à base d'herbe, de 12,5 x 18 cm (5 x 7 po) à l'intérieur de la couverture avant. Répétez avec la couverture arrière. Placez les couvertures sous un poids pour le séchage.

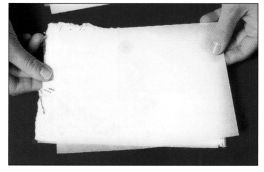

4. Coupez deux feuilles de papier velum d'une mesure de 12,5 x 18 cm (5 x 7 po)

5. Placez une feuille de velum sur le dessus et le dessous de la pile de pages en papier coton. Placez la pile entre les couvertures du livre et maintenez-la avec des pinces.

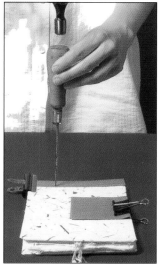

6. Créez un modèle pour les deux trous de 2 cm (¾ po) à l'intérieur de l'extrémité du dos et à 4 cm (1½ po) de la tête et de la queue. Attachez le modèle sur le dos du livre. Avec un marteau et une alêne, perforez aux deux endroits.

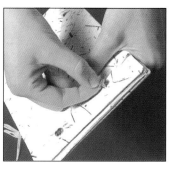

7. Insérez les montants et les vis dans chaque trou et serrez bien avec un tournevis.

Le mécanisme des vis extensibles est disponible généralement dans les teintes de cuivre et d'argent, suivant une variété de tailles. Lorsque vous percerez les trous, choisissez une mèche ou une alêne légèrement plus mince que les montants et les vis. Cela permettra aux trous de rester serrés lorsque les vis seront placées.

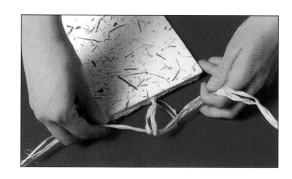

8. Faites un joli nœud avec les attaches de raphia.

9. Taillez les extrémités pour que le nœud soit plus net.

Album simple

Cette idée toute simple combine l'album de montage et l'album de collectionneur. Des feuilles de papier construction peuvent être utilisées pour les photos et l'écriture, alors que des pages transparentes pour exposer les pièces de monnaie, vous permettent d'inclure vos petits trésors sans devoir les coller. Pour des souvenirs plus volumineux, comme des cartes postales ou des cartons d'invitation, vous pouvez ajouter des feuilles d'album photos transparentes

1. Coupez un morceau de panneau mat (carton à montage), légèrement plus large que les pages transparentes que vous allez utiliser. Coupez partiellement deux lignes pour le dos. Prenez un morceau de carton léger et coupez-le au moins 1 cm (½ po) plus petit sur tous les côtés.

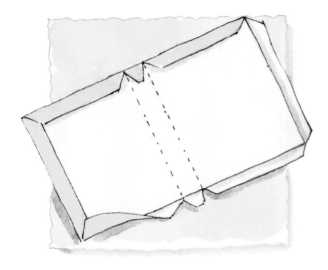

2. Collez le panneau mat sur la couverture de papier ou de tissu avec de la colle d'artisanat. Laissez suffisamment de jeu pour pouvoir ouvrir et fermer le livre en travaillant le tissu ou le papier à couvrir dans les lignes marquées.

Ce format flexible vous offre la liberté d'arranger et de réorganiser facilement vos souvenirs en créant un musée personnel dynamique et vivant.

3. Prenez le carton léger de l'étape n°1 et collez-le à l'intérieur de la couverture.

*L'utilisation de feuilles
transparentes pour
collectionneur vous donne
l'opportunité de voir des
deux côtés vos petits
objets précieux, comme
des talons de billets.*

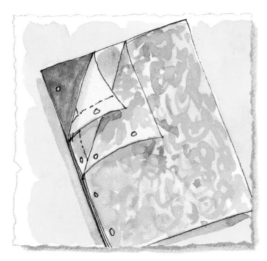

4. Intercaler un morceau de carton léger de la même taille que les feuilles transparentes entre chacune d'elles. Perforez les trous dans le carton aux mêmes endroits que sur les feuilles de plastique.

5. Vous pouvez utiliser des cartons légers de couleurs différentes entre les feuilles transparentes pour donner un peu de variété.

6. Ajoutez des feuilles de papier vierge ou de papier décoratif pour la section album en perforant des trous comme à l'étape n° 4.

7. Alignez les pages décoratives, les pages album-photos et les feuilles transparentes et perforez des trous dans la couverture arrière aux mêmes positions que celles de votre pile de pages. Passez un ruban au travers des trous de la couverture arrière et des pages et faites un nœud.

Album à section unique

Pour quelqu'un qui commence à fabriquer des albums de montage, ce projet est un bon début.
La section unique en fait un bon petit livre comme tel qu'on peut aussi agrémenter
avec la couverture et des touches personnelles.

VOUS AUREZ BESOIN

De 8 feuilles de papier fabriqué à la main à base de coton et pétales 21 x 28 cm (8½ x 11 po)

D'un lissoir

De velum blanc de poids moyen 21 x 28 cm (8½ x 11 po)

D'un couteau d'artisanat (exacto)

D'une règle de métal

D'un tapis à découper

De papier sauge de poids moyen 23 x 30 cm (9 x 12 po)

D'un crayon et d'une pince « clip »

D'un marteau et d'une alêne

D'une aiguille à reliure

De ciseaux

De feuille de papier rouille coupée à 10 x 18 cm (4½ x 7 po)

De colle blanche

De feuilles séchées

CONSEIL : *Si la pince cause un pli dans le papier, pliez un morceau de retaille de papier et placez-le entre la pince et le livre pour le protéger.*

1. Choisissez 8 feuilles de papier coton pétales de 21 x 28 cm (8½ x 11 po). Empilez-les ensemble et pliez-les au milieu avec votre lissoir.

2. Créez une feuille de garde volante en pliant en deux une feuille Velum de 21 x 28 cm (8½ x 11 po). Glissez la pile de pages coton pétales dans la feuille volante afin de préparer la reliure.

3. Avec un « exacto » et une règle de métal, sur un tapis à découper, taillez une couverture dans du papier sauge de poids moyen, mesurant 23 x 30 cm (9 x 12 po).

4. Pliez la couverture en deux et tracez le pli avec votre lissoir. Placez la section avec la feuille volante dans la couverture.

5. Utilisez une pince pour attacher la couverture avec la section. Au moyen de la règle et du crayon, marquez deux trous à 4,5 cm (1¾ po) de la tête et de la queue du livre. Marquez un trou central avec le crayon.

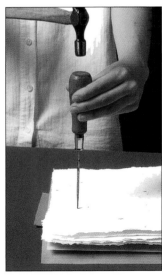

11. Appliquez une mince couche de colle sur une feuille séchée.

12. Placez la feuille au centre du papier rouille de façon à ce qu'elle pointe d'un coin à l'autre coin. Lissez doucement pour la mettre en place.

6. Percez les trois trous intérieurs du livre avec un marteau et une alêne.

7. Avec trois brins de fil de broderie vert, enfilez une aiguille. Commencez la couture en entrant dans le trou central par l'extérieur du livre. Tirez le fil à travers en laissant 10 cm (4 po) de fil sur l'extérieur du livre.

8. Passez au trou du bas et tirez le fil à travers l'extérieur du livre. Allez au trou central et tirez le fil à l'intérieur. Passez ensuite au trou du haut et tirez le fil au travers. Assurez-vous que le fil soit tendu tout le long du dos.

9. Sur l'extérieur du dos, faites un nœud double. Coupez les fils de façon égale.

10. Découpez un morceau de papier de couleur contrastante à 11 cm (4½ po) de large par 18 cm (7 po) de long. Ici, nous avons utilisé un papier couleur rouille. Collez-le sur le devant de la couverture du livre.

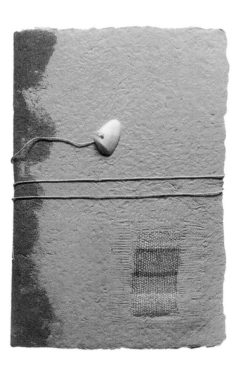

CI-DESSUS : *Voici un autre exemple d'un livre à section unique construit avec du papier fabriqué à la main. Un coquillage au bout d'un fil de lin sert de fermoir à ce petit livre.*

Album en accordéon

*Les livres en accordéon sont largement utilisés en Extrême-Orient et celui-ci offre un cachet
oriental par sa plume noire qui contraste avec le ton doré de la couverture
et les feuilles de bambou incorporées dans les pages.*

1. Coupez deux rectangles de 25 x 12 cm (10 x 4¾ po) du panneau de couverture. Coupez deux feuilles de papier or à recouvrir, légèrement plus petites.

2. Avec de la colle d'artisanat, collez le papier à recouvrir à l'extérieur des panneaux de couverture. Lissez doucement avec le lissoir.

3. Collez la plume sur la couverture avant avec de la colle d'artisanat. Placez un annuaire téléphonique ou un livre pesant par-dessus et laissez sécher.

4. Coupez quatre longueurs de ruban de biais noir d'à peu près 50 cm (20 po) de long. Collez-les à l'intérieur des couvertures afin qu'ils passent dans la largeur en paires parallèles à 6,5 cm (2½ po) du haut et du bas.

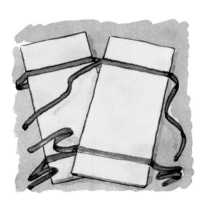

5. Coupez une longue bande de papier fabriqué à la main 60 x 23 (24 x 9 po). Pour plus de pages, augmentez la longueur de 10 cm (4 po) par page. Marquez les intervalles de 10 cm (4 po) sur la longueur des deux côtés.

6. Marquez et pliez en alternant de façon à ce que le papier se plie facilement en accordéon.

7. Selon l'usage auquel vous le destinez et le papier que vous utiliserez, vous pouvez décider de doubler ces pages en collant des morceaux de papier plus petits sur le dessus. Ici, nous avons ajouté, sur un des côtés du livre, du papier fabriqué à la main et déchiré grossièrement aux extrémités.

8. Coupez deux longueurs de ruban tissu adhésif pour reliure de 25 cm (10 po) de long et deux longueurs de 12 cm (4¾ po) pour chaque couverture. Marquez légèrement une bordure à 0,6 cm (¼ po) autour de la couverture extérieure et collez le ruban le long des bordures. Coupez les coins en diagonale pour un fini soigné.

9. Retournez chaque couverture. Avec un scalpel ou «exacto», taillez des fentes – en concordance avec le biais noir – dans le ruban adhésif de tissu. Passez le biais au travers des fentes. Continuez de coller le ruban adhésif au long du côté et de l'intérieur.

10. Fixez les extrémités du papier accordéon à l'intérieur des deux couvertures avec de la colle d'artisanat. Collez une bande de ruban à reliure au bord externe à l'intérieur des couvertures pour cacher les joints. Coupez les coins en diagonale pour un fini soigné. Mettez les deux couvertures sous un livre pesant pour le séchage.

Lorsqu'un livre s'ouvre d'une façon inhabituelle, c'est toujours une découverte originale. Ce livre accordéon avec ses plis «Concertina» est attaché sur les côtés par un ruban de biais noir. La couverture avant est ornée d'une plume de style.

Album en tissu floral

Les pages de ce livre sont groupées en section avec des diviseurs recouverts de tissu floral qui vous rendront la tâche facile pour trouver ce dont vous avez besoin. Ornez-le de ruban et avec quelques points, posez-lui des boutons ou des perles.

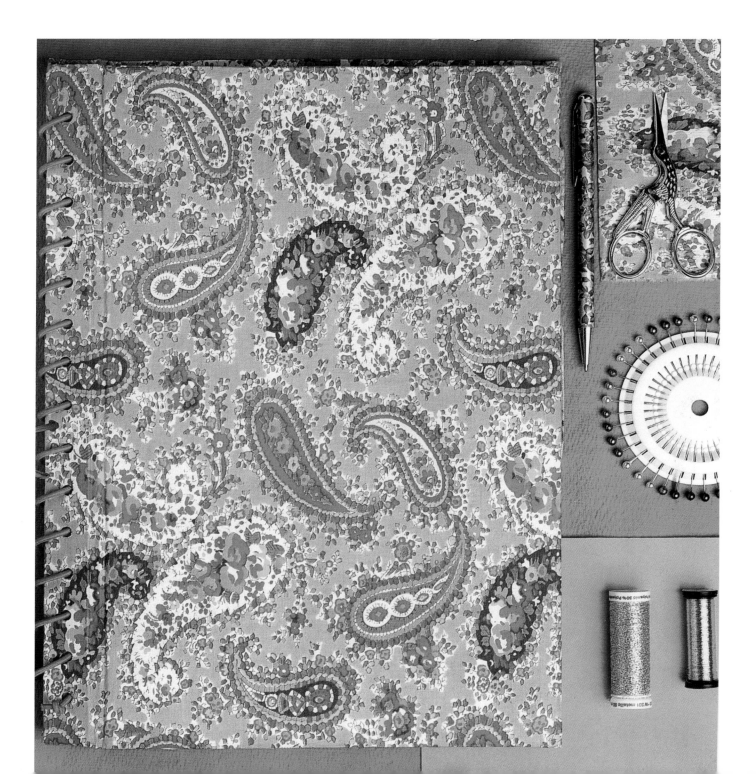

VOUS AUREZ BESOIN

D'un morceau de carton rigide
66 x 28 cm (26 x 11 po)

De colle d'artisanat (PVA)

De divers tissus de coton

D'entoilage prêt à fusionner au fer

De 3 feuilles de carton mince
30 x 21 cm (12 x 8¼ po)

De 20 feuilles de carton fin
30 x 21 cm (12 x 8¼ po)

De ruban à relier les livres
5 cm (2 po) de large

D'un élastique rond épais

D'un couteau d'artisanat (exacto) et
d'une règle en métal

De ciseaux

D'un lissoir

D'une alêne et d'un poinçon à papier

1. Coupez deux morceaux de carton rigide, chacun de 33 x 21 cm (13 x 8¼ po) et deux bandes de la taille 33 x 2 cm (13 x ¾ po) avec une règle de métal et un couteau « exacto ».

2. Jumelez chaque bande avec le panneau plus grand en laissant un espace de 2 cm (¾ po) entre eux. Collez chaque paire ensemble en utilisant la colle d'artisanat et de la gaze. Cet espace en gaze à pansement sera la charnière de votre livre.

Utilisez ce livre comme un album de montage pour les découpures de matériel favori ou les petits morceaux qui évoquent des souvenirs spéciaux et qui inspireront vos projets de couture.

3. Coupez deux morceaux de tissu de coton pour les couvertures 40,5 x 33 cm (16 x 13 po) et deux morceaux de tissu à doublure 26 x 18 cm (10¾ x 7 po). Doublez chaque pièce avec l'entoilage au fer. Souvenez-vous qu'il faut couvrir l'entoilage avec un linge lorsqu'on le repasse.

4. Appliquez de la colle à l'extérieur des panneaux et placez-les sur l'envers du tissu à recouvrir. Retournez-les et ôtez toutes les bulles d'air avec un lissoir. Taillez les coins pour les assembler soigneusement et collez la bordure en la pliant sur l'intérieur. Répétez avec la deuxième couverture. Laissez sécher sous un livre pesant ou un annuaire téléphonique.

5. Une fois bien sec, encollez la doublure sur l'intérieur de chaque couverture. Lissez les bulles d'air et laissez sécher comme l'étape précédente.

6. Pour faire les diviseurs, recouvrez trois feuilles de carton mince sur chaque côté avec un tissu floral (voir l'étape n° 4). En utilisant le modèle illustré ici, taillez les onglets. Créez une extrémité flexible en collant avec du ruban à reliure autour de l'extrémité dorsale de chaque diviseur de façon à ce qu'il dépasse le bout du carton de 2,5 cm (1 po).

7. Marquez les trous du dos sur les couvertures, les diviseurs et les feuilles de papier mince. Ceux-ci devraient se situer à 6 mm (¼ po) des bords et à 2 cm (¾ po) d'écart les uns des autres. Utilisez l'alêne pour les couvertures et les diviseurs, un poinçon à papier pour les pages de carton fin.

8. Empilez les pages en insérant les diviseurs selon vos besoins. Relier le dos et les pages ensemble en passant l'élastique rond et épais en spirale au travers des trous. Nouez chaque extrémité pour plus de résistance.

L'élasticité de la reliure en spirale permet au livre de se gonfler lorsque les morceaux de tissu ou les boutons et les nœuds sont ajoutés. Vous pourriez ajouter une fermeture supplémentaire – comme un ruban – pour tenir le livre fermé s'il éclate aux coutures.

Cadeau de la nature

Revenir d'une balade en campagne avec une collection d'objets bizarres et des créations magnifiques de la nature, véritables sources d'inspiration, est certainement un des passe-temps les plus apprécié. Celui-ci est un album de montage conçu exprès pour que vous puissiez garder, arranger et prendre des notes sur vos trouvailles, pour vous retrouver vous-même ou l'offrir en présent à un ami spécial.

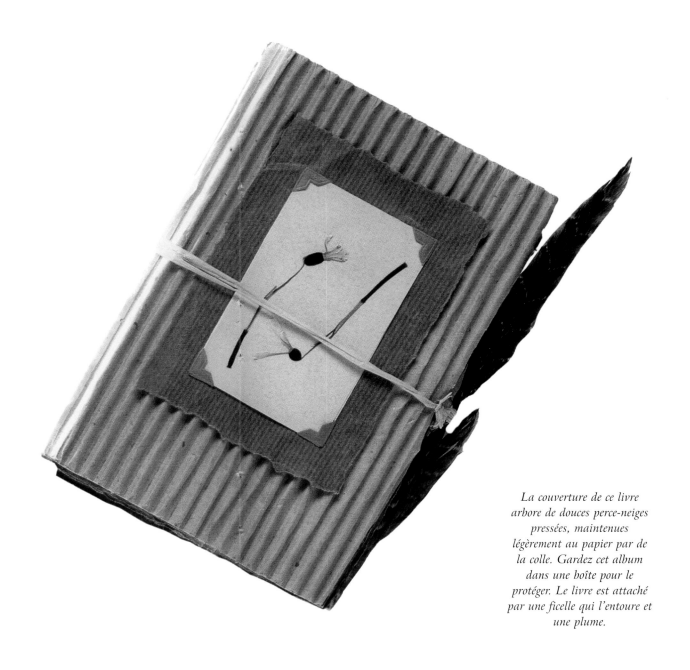

La couverture de ce livre arbore de douces perce-neiges pressées, maintenues légèrement au papier par de la colle. Gardez cet album dans une boîte pour le protéger. Le livre est attaché par une ficelle qui l'entoure et une plume.

VOUS AUREZ BESOIN

D'un carton uni
22 x 33 cm (9 x 13 po)

D'un carton ondulé
22 x 33 cm (9 x 13 po)

De papier mousse
30 x 38 cm (12 x 15 po)

De colle à papier

De raphia

De papier fabriqué à la main
20 x 30 cm (8 x 12 po)

De bande élastique

D'attaches à papier trésor *(ficelle avec tige transversale à chaque bout)*

D'une plume et d'un coquillage

D'un poinçon

D'une aiguille

1. À l'aide d'un couteau à artisanat (exacto) et d'une règle en métal, coupez les rectangles suivants: dans le carton uni et le carton ondulé 22 x 33 cm (9 x 13 po) ; dans le papier mousse 30 x 38 cm (12 x 15 po). Entaillez des lignes parallèles avec un écart de 4,5 cm (1 ¾ po) au milieu du carton uni en utilisant un outil pointu comme une aiguille ou un couteau à artisanat (exacto).

2. Collez du ruban adhésif à double face sur le pourtour du carton uni, du côté non entaillé. Placez le papier mousse à l'envers et mettez le carton uni, côté entaillé, dessus. Faites des entailles dans les coins du papier mousse et pliez-le par-dessus les bords en le collant sur le ruban adhésif.

3. Attachez un morceau de raphia d'au moins 45 cm (18 po) au centre du bord arrière du carton uni. Puis, collez le carton uni sur le côté plat (envers) du carton ondulé. Pliez le long des entailles pour donner la forme d'un livre. Percez deux trous à l'arrière du livre, à 8 cm (3 po) d'écart et 1 cm (½ po) du dos.

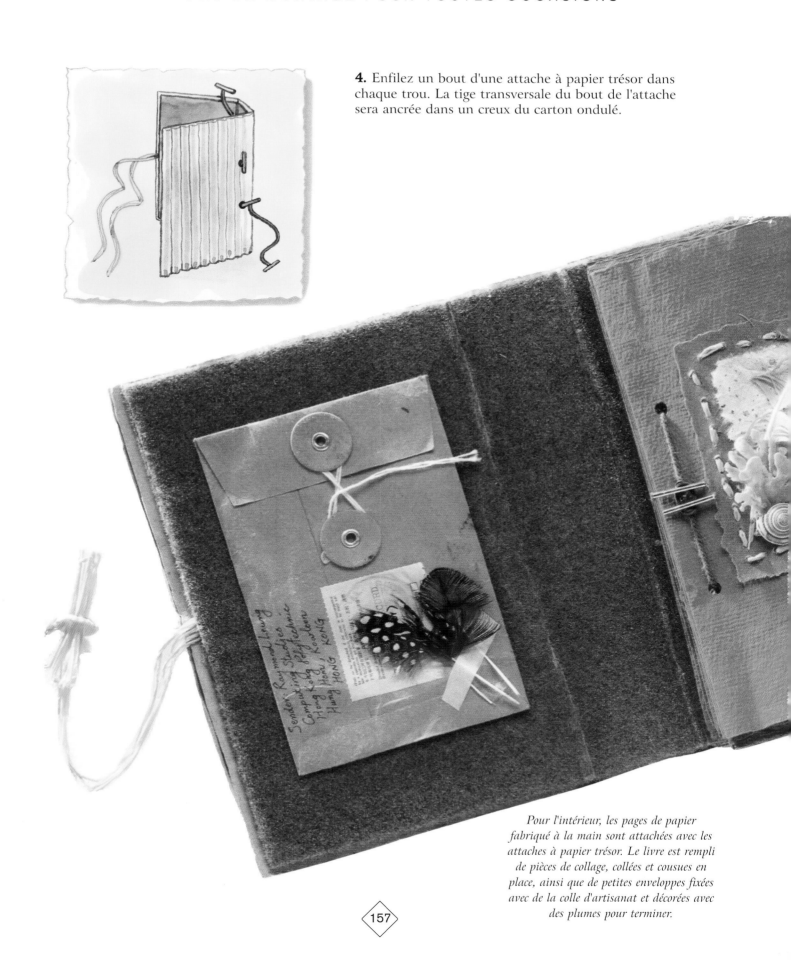

4. Enfilez un bout d'une attache à papier trésor dans chaque trou. La tige transversale du bout de l'attache sera ancrée dans un creux du carton ondulé.

Pour l'intérieur, les pages de papier fabriqué à la main sont attachées avec les attaches à papier trésor. Le livre est rempli de pièces de collage, collées et cousues en place, ainsi que de petites enveloppes fixées avec de la colle d'artisanat et décorées avec des plumes pour terminer.

5. Pliez en deux une feuille de papier fabriqué à la main ou de papier du même genre pour obtenir une page de 15 cm x 20 cm (6 x 8 po) et percez des trous à l'aide d'un poinçon en les centrant le long du côté plié.

6. Enfilez assez de ces pages sur les attaches à papier trésor pour remplir le dos du livre et attachez-les solidement avec une bande élastique bien serrée à plusieurs tours.

7. En allouant assez de raphia pour enrouler autour du livre, attachez un coquillage percé d'un trou (ou quelque chose de semblable) au bout du morceau et coupez l'excédent.

8. Enroulez cette attache autour du livre et, à l'endroit où le raphia se rejoint, fermez-le avec une plume. Faites un arrangement de fleurs pressées et collez-les sur du papier approprié. Fixez ce collage sur le devant du livre avec de la colle ou du ruban à double face.

Splendeur du suède

Fait de suède doux et souple ainsi que de papier Khadi dans les tons de brun et roux, ce livre chic ne demande qu'à être utilisé. Continuez le thème organique en prenant des notes sur la nature ou en affichant des fleurs pressées ou des feuilles. Utilisez du suède neuf ou usagé – essayez de recycler le suède d'une vieille veste ou jupe.

VOUS AUREZ BESOIN

D'un morceau de suède, *87 x 56 cm (34 x 22 po)*

De papier Khadi, environ 21 feuilles, *27 x 20 cm (10½ x 8 po)*

De fil à bouton

De cire d'abeille

De lanières de suède

D'un bouton en bâtonnet

D'un crayon

D'une règle

D'une alêne

D'une aiguille à repriser ou pour le cuir

De ciseaux

1. Pliez le suède en deux dans le sens de la largeur (le côté cuir face vers le haut) et faites une légère marque de crayon au centre.

2. À partir de cette marque, faites-en 7 autres de chaque côté, à 6 mm d'écart (¼ po) les unes des autres.

3. Marquez des points le long de de chaque ligne, au milieu et à 3 cm (1¼ po) du haut et du bas. Percez des trous avec l'alêne. Ceci formera le dos.

5. Marquez des points le long du papier vis-à-vis des trous sur le dos (voir étape 3). Enfilez une aiguille et tirez un long morceau de fil à bouton dans la cire d'abeille. Prenez un cahier de feuilles et alignez-le avec les sept marques de crayon à l'intérieur de la couverture en suède. Brocher à partir de l'intérieur des pages à travers le suède. Au trou du haut, passez le fil le long de l'extérieur de la couverture.

4. Pliez chaque feuille de papier Khadi en deux, laissant le bord frangé naturel intact. Insérez trois feuilles l'une dans l'autre. Faites 7 de ces «cahiers».

6. Insérez l'aiguille de nouveau à travers la couverture au trou du bas, à travers les pages intérieures, et en sortant par le trou du centre. Passez l'aiguille autour du point précédent et de nouveau par le trou.

7. Attachez ensemble les extrémités de fil avec un nœud plat (gauche par-dessus droite et droite par-dessus gauche) et coupez les bouts. Répétez avec chacun des six segments.

Le papier Khadi est un papier fabriqué à la main avec une texture rugueuse et des bords naturellement frangés. Il est disponible dans les bonnes boutiques de matériel d'art et d'artisanat. Utilisé ici, il rehausse l'allure et l'effet organique du livre.

GAUCHE: *Papier Khadi*

8. Mesurez et coupez une longueur de lanière de suède suffisante pour enrouler autour du livre deux fois et demi.

Collectionnez les items trouvés lors d'une promenade en campagne pour les insérer dans votre magnifique album à couverture de suède.

9. Pliez-la en double et passez les bouts, de l'arrière, sous les points sur l'épine dorsale de chaque côté du centre. Laissez la boucle dépasser de la couverture arrière pour servir de boutonnière.

10. Attachez le bouton en bâtonnet en place sur le bord de la couverture avant. Boutonnez le livre pour obtenir la bonne longueur avant de couper l'excédent.

Livre boutonnière

Le dernier projet de cette section est un délicieux petit livre avec une surprenante particularité de reliure. Il deviendra assurément l'un de vos préférés et un cadeau d'ami convoité. Le résultat final vaut largement l'attention mise à mesurer et à couper.

VOUS AUREZ BESOIN

De 72 feuilles de papier crème,
10,5 x 21 cm (4½ x 8½ po)

D'un lissoir

D'une brique enveloppée de papier, comme poids

D'une pince

D'un couteau d'artisanat *(exacto)*

D'une règle en métal

D'une planche à découpage

D'une feuille papier cartonné mauve,
10,5 x 23 cm (4½ x 9 po)

D'un crayon

D'une aiguille à reliure

De fil à broder ciré blanc

De peinture acrylique blanche

D'un tampon en caoutchouc en forme d'étoile

D'une éponge

1. Triez les feuilles de papier crème en neuf paquets de huit feuilles chacun. Égalisez les feuilles d'un paquet et pliez-les en deux en utilisant le lissoir. Répétez avec les paquets restants. Placez les sections en pile et mettez-les sous un poids pendant trois ou quatre heures. Pincez les sections ensemble; coupez la tranche avec un couteau à artisanat (exacto) et une règle en métal.

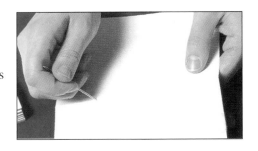

5. Enlevez les sections de la couverture et percez des trous aux endroits marqués avec une aiguille à reliure.

2. Délimitez avec une marque un dos de 1,5 cm (½ po) au centre du carton mauve. Marquez et coupez une boîte au centre de la couverture, mesurant 5 cm

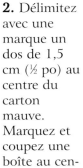

(2 po) de large et 7,5 cm (3 po) de haut. Cette boîte formera la boutonnière de la couverture.

6. Enfilez une aiguille à reliure avec du fil à broder ciré. Entrez dans le trou à la queue du livre par l'intérieur et tirer le fil à l'extérieur. Laissez 5 cm (2 po) de fil à l'intérieur du livre. Enroulez le fil autour de la queue de la couverture boutonnière et attachez le fil avec le bout à l'intérieur du livre. Faites un double nœud au-dessus du trou.

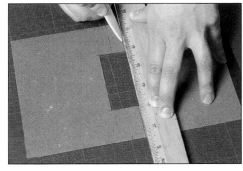

3. Entaillez le dos et pliez-le dans la couverture.

7. Sortez du trou par la queue du livre et ajoutez une deuxième section en entrant dans le même trou de la section suivante.

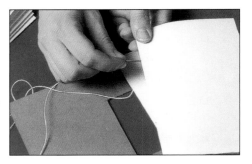

4. Retirez les sections de sous le poids et placez-les dans la couverture. À l'aide d'un crayon, marquez le bord de la boutonnière sur les sections.

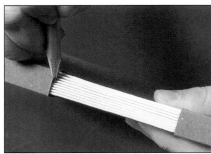

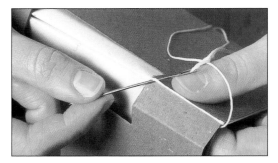

8. Bouclez le fil autour de la queue de la couverture boutonnière et joignez-le au fil de la première section. Continuez d'ajouter des sections de la même façon, juqu'à ce qu'elles soient toutes ajoutées.

9. Cousez les sections à la tête du livre, en suivant les étapes 6 à 8.

10. Appliquez de la peinture acrylique blanche sur un tampon en caoutchouc en forme d'étoile à l'aide d'une éponge. Puis, tamponnez une étoile blanche sur la couverture avant. Levez le tampon délicatement pour révéler l'image.

11. Percez un trou au centre du bord des couverture avant et arrière et passez deux morceaux de fil à broder blanc dans les deux trous. Attachez les fils ensemble avec une boucle pour une fermeture décorative.

COUPER DES ENCOCHES

1. Coupez vos plaques de couverture à la taille désirée en ajoutant 3 mm (⅛ po) à la tête, la queue et la tranche extérieure. Décidez de la longueur que vous désirez pour les rubans puis, coupez-les à la longueur voulue.

2. Placez les plaques sur le livre et les rubans en position. Puis, marquez la largeur et la longueur des rubans sur les plaques avec un compas à pointes sèches. Enlevez les plaques.

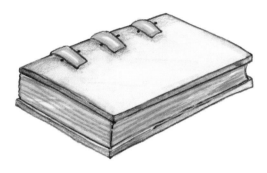

3. À l'aide d'un couteau à artisanat (exacto) et d'une règle en métal, coupez et détachez la section de plaque entre les pointes du compas à la profondeur du ruban.

4. Enduisez les plaques de colle PVA et couvrez avec du papier ou du tissu en vous assurant que le matériel de couverture est bien enfoncé dans les encoches. Pliez, coupez et collez les coins et rabats, et laissez les plaques couvertes entre des feuilles de papier ciré et des planches de pressage sous un poids pour sécher.

MAISON ET JARDIN

Avec tout le temps passé à l'intérieur et aux

alentours de nos maisons, il est rare que nous

pensions à recueillir les événements journaliers.

Dans cette section, nous avons planifié de le faire

afin que tout le labeur effectué, autant à l'intérieur

que dehors, soit consigné pour la postérité.

En premier, il y a la maison idéale, un album de

montage dans lequel vous pourrez insérer vos idées,

vos photos et vos découpures de magazines pour

vous aider à visualiser la maison de vos rêves.

Vous trouverez également des suggestions pour

noter les progrès de vos travaux, avant et après.

Livre la maison idéale

Décorer ou redécorer votre maison implique un lot ahurissant de choix à faire et il est utile de garder un album dans lequel vous pouvez inscrire vos idées : notes sur les couleurs, les mesures et autres. Vous pouvez également l'utiliser pour bâtir une bibliothèque où les coupures de magazines et de journaux seront autant d'inspiration, le moment venu, avec des échantillons de tissu, de papier peint et toute autre information comme les prix et les noms des détaillants.

Ce livre a été conçu comme une chemise de classement dans laquelle vous pouvez ajouter d'autres pages pour créer la maison de vos rêves.

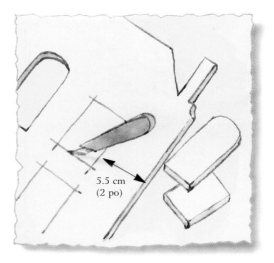

2. Marquez toutes les fenêtres, y compris celle du vasistas au-dessus de la porte. Les fenêtres sont larges de 5,5 cm (2 po) à partir des côtés. Découpez les fenêtres en tenant le couteau à un angle de 90° par rapport au panneau et ôtez-les délicatement de l'avant. Coupez partiellement les panneaux de la porte avant, en prenant soin de ne pas tailler au travers du panneau.

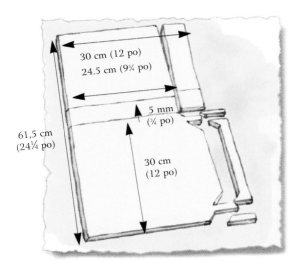

1. Coupez le panneau de mousse aux mesures de 30 x 61,5 cm (12 x 24¼ po). Marquez jusqu'à la couche du fond du panneau, la mesure de 30 cm (12 po) dans un côté, du haut en bas, et un autre 5 mm (¼ po) pour faire le dos du livre, tel qu'illustré. Coupez l'arrière et le dos à 24,5 cm (9¾ po) en hauteur et ébauchez le toit et les cheminées sur l'avant en suivant soigneusement le diagramme. Découpez les formes avec la règle et le couteau d'artisanat «exacto».

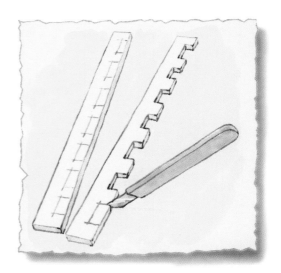

3. Marquez et découpez deux bandes de maçonnerie décorative mesurant 1,5 x 23 cm (½ x 9 po) à partir de la découpe du panneau de mousse, tel qu'illustré.

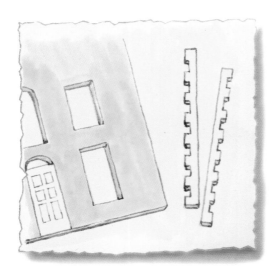

4. Peignez la porte et les bandes de maçonnerie décorative avec une couleur contrastante par rapport au reste de la maison. Peignez le panneau entier, le devant et les intérieurs, sinon la structure pourrait gondoler et courber.

5. Lorsque la peinture est sèche, collez la feuille d'acétate clair à l'intérieur de la partie avant du livre pour faire les fenêtres. Coupez ensuite une feuille de papier construction exactement de la même taille que celle du livre entier. Marquez les positions des fenêtres et découpez-les. Pliez soigneusement les lignes du dos et collez le papier à l'intérieur du livre.

6. Découpez des bandes de bois de balsa pour fabriquer les cadrages et les appuis de fenêtres. Découpez, deux longueurs en plus, pour placer la décoration directement en dessous du toit et deux pièces plus petites pour fabriquer le triangle au-dessus de la fenêtre en arche ainsi que trois morceaux pour le triangle autour du vasistas. Pour fabriquer les piliers sur les côtés de la porte, coupez des morceaux de bois mi-ronds (section en C) de 5 mm (¼ po) de diamètre aux longueurs désirées. Peignez tous ces morceaux en blanc et, lorsqu'ils sont bien secs, collez-les en place sans oublier les panneaux de maçonnerie décorative.

Dans le futur, ce livre sera un exemple intéressant du design de cette période. Il sera amusant de comparer les premières photos avec celles de votre maison "terminée".

7. Dessinez les tuiles du toit et les briques des cheminées. Ensuite, coupez partiellement au travers des lignes de crayon avec le couteau. Peignez le toit avec de la peinture à l'eau grise et les briques des cheminées en rouge. Coupez le dessus de l'épingle à tête de verre et peignez-la en doré. Collez-la au centre de la porte en guise de poignée.

8. Pour compléter le livre, collez l'attache à reliure en position à l'intérieur de l'arrière du livre en utilisant le pistolet à colle chaude. Les pages peuvent être trouées et assemblées à l'attache à reliure, comme vous le désirez.

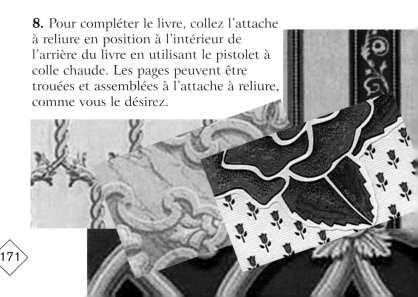

Album du jardin

Prenez en note, dans ce petit livre pratique, l'endroit où vous avez planté vos bulbes et gardez des bribes d'information au sujet des variétés de plantes qui pousseront l'an prochain. Divisé en trois parties – fleurs, légumes et fruits – il possède une enveloppe à souvenirs apposée à l'intérieur de la couverture avant et arrière, où vous pourrez ranger des graines, des feuilles ou des fleurs.

VOUS AUREZ BESOIN

D'un cahier à spirale avec des diviseurs de couleurs

De papier d'aluminium ou d'étain
1 mm (¹⁄₁₆ po) d'épaisseur

De ruban à tapis double face

De petites enveloppes

D'une règle

De papier décalque

D'une plume stylo Ballpoint

De ruban adhésif

De ciseaux

2. Recouvrez l'arrière de l'aluminium avec du ruban à tapis double face. Découpez l'image avec vos ciseaux habituels.

3. Choisissez un motif pour chacun des onglets diviseurs. Tracez comme à l'étape 1 et transférez sur le carton. Couvrez l'arrière des onglets avec du ruban double face et découpez-les.

4. Coupez le carton de la même forme que les onglets mais 3 mm (⅛ po) plus court. Pelez le papier de support de l'adhésif et attachez le carton à l'endos de l'onglet, en laissant un bout à découvert.

1. Mesurez la couverture du cahier et décalquez un dessin provenant d'un livre ou d'un magazine avec du papier calque. Coupez du papier d'aluminium de la même taille et placez-le sur un linge doux ou un tapis de souris. Couvrez avec le papier calque et maintenez-le avec du ruban adhésif. Tracez par-dessus l'image avec une plume stylo Ballpoint en appuyant fermement.

GAUCHE: *Transformez un cahier ordinaire en une place spéciale qui contiendra vos trucs et conseils de jardinage. Il est extrêmement facile de personnaliser ce livre avec une plaque d'aluminium et des diviseurs de pages.*

5. Divisez le livre en trois parties égales. Mettez le bout adhérant des onglets sur chaque section en alignant bien le carton avec le bord de la page. Pressez fermement en position. Collez le motif de couverture. Apposez de jolies enveloppes à l'intérieur des couvertures avant et arrière.

Avant et après

Quand tout le travail est fait et qu'il reste du temps pour s'asseoir et relaxer, il est bon de réfléchir à ce que vous avez accompli. La plupart d'entre nous ne pensons jamais à prendre des photos de notre maison avant que toute la décoration ne soit achevée et qu'elle soit à son meilleur, mais le truc, c'est de consigner vos travaux depuis le tout début.

Collez ensemble les photos de décoration et de rénovation afin de donner un aperçu de la progression du travail.

1. Si vous détenez des photos avant et après de votre maison, vous pouvez obtenir des photocopies couleur et les agrandir. Vous pouvez les faire laminer dans un point de service pour impression et photocopies et vous en servir comme couvertures pour votre album. Placez des feuilles de carton de couleur entre les couvertures photos laminées et faites relier votre album par une reliure en spirale.

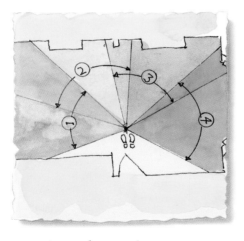

2. Pour prendre une photo panoramique d'un endroit, il vous faudra au départ marquer la position de votre pied avec un ruban à masquer. Tournez lentement tout autour de la pièce en vous assurant que chaque photo que vous prenez se superpose légèrement à la dernière. Vérifiez que votre position n'a pas changé.

3. Placez vos photos en séquences et jouez avec elles pour obtenir le meilleur arrangement possible. Assurez-vous que le montage rentrera dans le format de la page. Dessinez une maquette de l'arrangement que vous aurez choisi, pour y référer ultérieurement.

4. Recouvrez votre plan de travail avec du papier journal pour le protéger et vaporisez l'arrière de chaque photo avec un vaporisateur spécial pour le montage des photos.

5. Une fois le montage complété, nettoyez-le avec un chiffon doux et placez un poids lourd sur l'image jusqu'à ce qu'elle soit sèche.

Souvenirs de jardinage

Les papiers aux tons de terre, fabriqués à la main et la ficelle de jardinage donnent à ce projet des airs de grands espaces. Le jardinage est devenu un passe-temps tellement en vogue qu'il ne sera pas difficile de trouver un bon choix de magnifiques papiers d'emballage sur ce thème pour décorer vos pages. Vous pouvez y inclure des petits paquets de graines et des détails concernant vos plants. Ce sera un témoin de la progression de votre jardin.

Au lieu d'utiliser des coins de montage, faites un rappel des détails de fleurs dans votre photo en collant des parties de fleur dans vos pages pour tenir les images en place.

2. Découpez un morceau du panneau de montage pour l'arrière et la couverture qui servira à protéger les pages, en laissant 1 cm (½ po) sur le pourtour. Coupez les lignes du panneau partiellement pour former le dos.

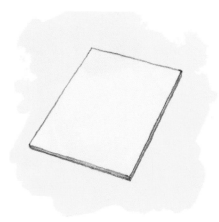

3. Pliez le panneau tout au long du dos. Coupez et prélevez un carré de la couverture avant en laissant approximativement 3 cm (2 po) tout au long du bord, pour la reliure.

1. Ôtez les couvertures des deux cahiers «scrapbooks» vierges et coupez les livres en moitiés pour former les pages. Collez les quatre moitiés des dos avec du ruban adhésif. Assurez-vous que les pages soient toutes de la même taille et taillez-les avec un couteau et une règle, si nécessaire.

4. Insérez les pages de «scrapbook» dans la pièce arrière reliure/dos. Utilisez une alêne pour perforer au travers de la reliure avant et des pages mais ne percez pas la couverture arrière. Placez une plaque de bois entre la couverture arrière et les pages pour la protéger.

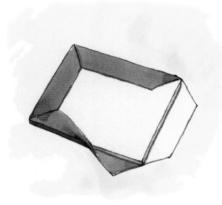

5. Coupez une feuille de papier fabriqué à la main, de bon poids, assez grande pour couvrir l'extérieur du livre – avant, arrière et reliure – Ajustez les bords de la partie avant et faites-la légèrement plus petite que celle du dos (le carré du panneau de couverture découpé à l'étape n°3 y sera rattaché). Percez des trous sur le papier à recouvrir à la même place que ceux de la reliure. Utilisez un morceau de papier, de bon poids et fabriqué à la main, pour doubler l'intérieur de la couverture arrière et le dos.

6. Couvrez le carré du panneau de la couverture avant de papier, poids léger, fabriqué à la main, de couleur contrastante.

Votre album est un témoin de la poussée de vos plantes au fil du temps, avec des détails de jardinage, les cadeaux des amis et des paquets de graines pour vous souvenir des noms de vos plantes.

7. Passez de la ficelle de jardinage au travers des trous de la reliure avant et des pages (voir l'étape n°4), nouez les bouts en un joli nœud. Laissez un très petit espace sur le bord de la reliure et collez le panneau carré recouvert sur le papier au devant

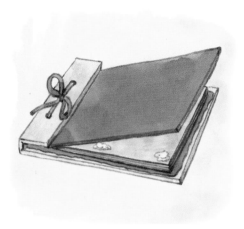

du livre. Ornez la couverture comme vous le désirez. Vous pouvez utiliser des motifs découpés dans un catalogue, des magazines ou du papier d'emballage.

IDÉES POUR L'INTÉRIEUR

AU-DESSUS, À DROITE : *le collage de papier se prête facilement au travail décoratif. Le style chargé de cette pièce est composé à partir des couches de divers motifs au pochoir, peints à la main et de papier déchiré, le tout étalé sur des morceaux de papier fabriqué à la main.*

Des découpures de fleurs provenant de papier d'emballage ou de magazines pourront décorer vos pages ou maintenir vos photos en place. Vous pourriez choisir des fleurs ou bourgeons qui apparaissent sur les photos.

Utilisez un papier semblable à ceux qui décorent la couverture pour faire des bordures ou pour encadrer vos images sur la page.

Idée plus

Un foyer, c'est tellement plus que juste de la brique ou du mortier. Voici plusieurs idées qui rendront hommage à deux thèmes clés de bien des foyers – le jardin et la famille.

Jusqu'à la fin de l'été, collectionnez un choix de fleurs de votre jardin et mettez-les sous presse, si vous en possédez une. Dans cet album, Carole Thorpe-Gunner a utilisé un petit bloc de papier aquarelle qu'elle a déchiré grossièrement et dont elle a enduit les pages d'une couche d'aquarelle jaune. Les teintes un peu fanées des fleurs pressées ressortent très bien sur cet arrière-plan lumineux. L'arête dorsale du livre est une petite baguette bourgeonnante enroulée dans une mince lanière de cuir, enfilée dans un passe-lacet et passée à travers chaque page. Ceci tient le livre ensemble et les extrémités ont été enroulées autour de chaque côté.

Cet album de montage est spécifiquement dédié aux amoureux des animaux. La couverture, inspirée d'un charmant dessin d'un petit garçon de six ans, représente un chat. L'image a été élargie pour ensuite être découpée dans de la feutrine jaune et cousue sur le tissu de la couverture. La queue du chat fait le tour du livre et agit comme fermoir avec des boutons-pression au-dessous. À l'intérieur, vous pouvez composer des montages d'images ou de dessins de vos animaux favoris, retenus ensemble par des estampes de caoutchouc et des sequins collés. Ce serait un très beau projet à réaliser avec vos enfants.

Album du pêcheur

Cet album s'avérera un présent idéal pour qui aime la pêche. Il pourra servir à répertorier les prises importantes, à noter quand et où les poissons ont été attrapés, et vous pourrez y insérer une ou deux photos. C'est une idée assez simple qui peut s'adapter à toutes les formes de passe-temps ou d'artisanat.

Pour un passionné du bois, vous pouvez choisir une image de quelqu'un en train de scier, bordée par un papier à tapisserie à effet de brique ou de bois, du genre de celui d'une maison de poupée. Collez ensuite un marteau et des clous miniatures sur la couverture.

VOUS AUREZ BESOIN

D'un panneau de mousse (polyboard)

D'un drap molleton vert ou de papier de mousse verte, *Papier texturé avec une doublure de nylon vert sur un côté. Il peut être obtenu d'un magasin ou d'une maison d'achat par la poste qui offre du papier fabriqué à la main.*

De papier d'emballage

D'un poisson en plastique

D'une aiguille à repriser et de fil à repriser résistant

De papier brun

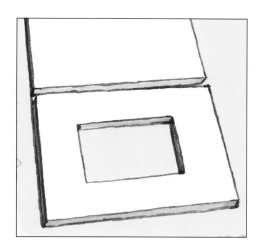

3. Choisissez une image qui vous plaise pour l'intérieur de la fenêtre et collez-la en position avec du ruban adhésif. Recouvrez ensuite l'intérieur de la couverture avec du papier d'emballage en rapport avec votre thème, comme le motif de poisson qui a été utilisé ici. Placez toute la couverture

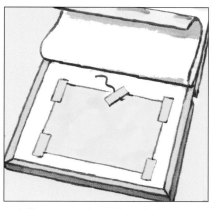

sous un poids jusqu'à ce qu'elle soit sèche. Pliez le livre pour qu'il prenne sa forme et collez-y un motif comme ce poisson, sur la couverture. Ici, vous pouvez voir qu'on a cousu une ligne de pêche à partir du poisson jusqu'à la ligne, avec une aiguille et un fil résistant.

1. Coupez un morceau de panneau en mousse de 21,5 x 33 cm (8½ x 13 po). Taillez partiellement des lignes parallèles au travers du panneau, avec une distance de 1 cm (½ po) entre elles, à mi-chemin du dessus du panneau pour faire le dos. Ôtez les deux couches supérieures en laissant la couche de base du panneau au long du dos. Découpez une fenêtre mesurant 8 x 11 cm (3¼ x 4½ po), centrée sur une portion du panneau, tel qu'illustré.

4. Pour fabriquer les pages, pliez trois groupes de papier mesurant 21 x 31 cm (8¼ x 12½ po) avec 5 pages par groupe.

2. Collez le panneau sur la partie envers d'un morceau de papier mousse de 25,5 x 36 cm (10¼ x 14½ po), laissez sécher. Découpez une petite fenêtre dans le papier mousse en laissant un rabat de 2 cm (¾ po) autour de la fenêtre du panneau. Ôtez les coins extérieurs du papier mousse. Pliez les marges du papier mousse et collez-les à l'intérieur du panneau. Coupez des lignes diagonales dans les rabats de papier mousse des bords de la fenêtre du panneau, repliez-les et collez les rabats à leur place.

5. Cousez chaque groupe de pages par le centre au travers du dos du livre en utilisant une aiguille et une double longueur de fil à repriser résistant. Attachez les extrémités par un nœud à chaque groupe de pages.

LES ANNÉES D'ADOLESCENCE

À ce moment crucial et excitant de leurs vies, nos enfants sont tellement occupés à vivre leur vie pleinement qu'ils n'ont pas le temps d'en écrire les moments marquants. Par contre, il est tellement agréable d'avoir un livre plein de souvenirs qu'on peut consulter des années plus tard. Les projets de cette portion du livre sont amusants et faciles à réaliser. Ces albums de montage traversent les années d'adolescence depuis le début jusqu'au diplôme collégial. Une fois complétés, ces livres offriront un regard fascinant sur quelques-uns des souvenirs et quelques-unes des expériences, que nos enfants auront expérimentés, dans la joie ou la tritesse.

Le collège

Voici une bonne façon de recycler les jeans préférés – utilisez-les pour recouvrir un cartable à anneaux ou une chemise et y garder les souvenirs. Les pages fournissent assez d'espace pour ranger les textes mémorables, les photos, les collages fabriqués avec des cartes, les objets qui vous ont été donnés par des amis particuliers, les talons de billets de spectacle – en fait, la liste est sans fin.

La façon la plus sûre d'attacher un journal est d'utiliser un anneau à clefs fixé sur un ressort de telle manière que s'il s'échappe de la poche, il ne sera pas perdu.

VOUS AUREZ BESOIN

D'une vieille paire de jeans

*D'un cahier à deux anneaux ou
d'une chemise*

D'un découvite (*découseur de couture*)

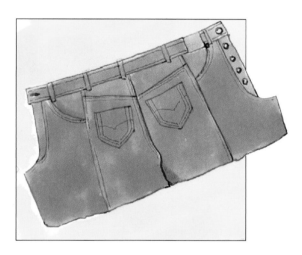

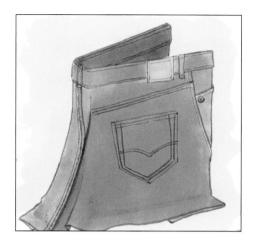

1. Coupez les jambes de vieux jeans et décousez la couture en dessous de la fermeture avant, sur l'intérieur de la jambe et à l'entrecuisse. Le résultat devrait être similaire à celui illustré ci-dessus.

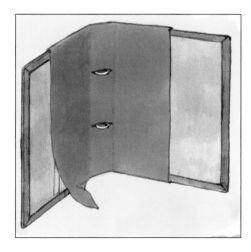

2. Coupez une section provenant de la jambe restante et attachez-la à l'intérieur du livre, en pratiquant des entailles pour y glisser les anneaux de métal. Collez le denim en place avec du ruban adhésif double face.

3. Repassez la pièce ouverte et alignez le dessus de la bande de taille avec le bord supérieur du cahier. Assurez-vous que la poche arrière est en bonne position sur le devant du livre, attachez ensuite le dessus avec du ruban adhésif double face, enveloppez les extrémités de côté autour de l'intérieur du livre et maintenez-les avec du ruban adhésif double face. À ce stade, le côté du dessous sera flottant et trop ample.

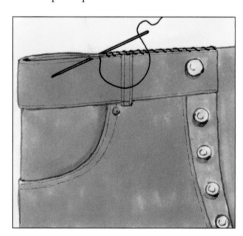

4. Cousez le dessus pour joindre les deux extrémités de la bande de taille sur l'extérieur et l'intérieur, aussi bien à l'avant qu'à l'arrière.

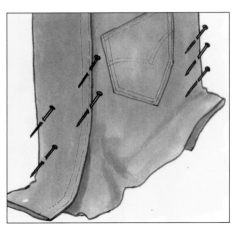

Transformez les pochettes en petites capsules de temps en y insérant de petits livrets de notes, des lettres et autres souvenirs comme des papiers d'emballage de bonbons.

5. Repliez l'excédent de tissu dans le siège du jeans en pratiquant une pince au long du dos et une autre sur la moitié inférieure des côtés avant et arrière. Épinglez pour tenir en position, si nécessaire.

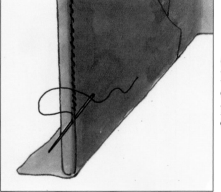

6. Cousez sur les côtés du devant et du dos pour maintenir ces pinces.

7. Cousez la pince des deux côtés du dos.

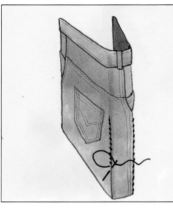

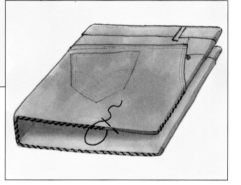

8. Ourlez le tissu tout au long du côté inférieur en utilisant une couleur de fil assortie afin de terminer le livre.

De nos jours, beaucoup d'étudiants ont accès à un ordinateur et ils peuvent vouloir jouer autour de ce thème pour fabriquer une couverture en utilisant un collage d'ordinateur. Des techniques de superpositions de couches ont été utilisées pour créer ce travail de Richard Holloway, qui représente des thèmes anciens et modernes inspirés par les cultures orientales et égyptiennes. C'est une combinaison d'images prises par une caméra numérique et des disques photos avec une série d'images subtilement colorées.

Le capteur de rêve

Un fil métallique passé dans un tube de plastique et du plastique translucide sont combinés pour faire de ce livre un peu inhabituel, un endroit spécial pour attraper vos rêves. Avec son étoile brillant dans le noir, il vous sera aisé de le retrouver dans la nuit pour y noter vos tout derniers rêves.

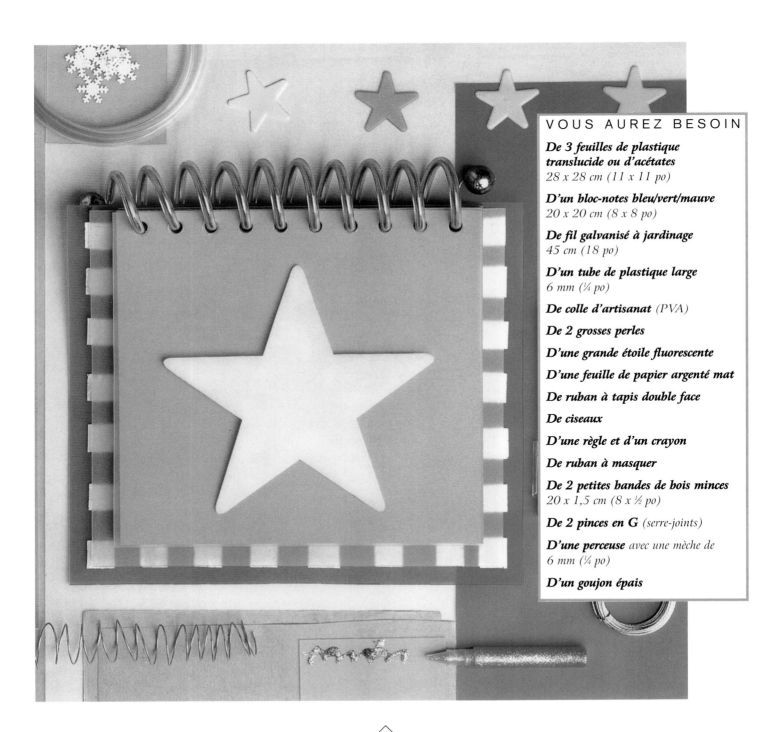

VOUS AUREZ BESOIN

De 3 feuilles de plastique translucide ou d'acétates *28 x 28 cm (11 x 11 po)*

D'un bloc-notes bleu/vert/mauve *20 x 20 cm (8 x 8 po)*

De fil galvanisé à jardinage *45 cm (18 po)*

D'un tube de plastique large *6 mm (¼ po)*

De colle d'artisanat *(PVA)*

De 2 grosses perles

D'une grande étoile fluorescente

D'une feuille de papier argenté mat

De ruban à tapis double face

De ciseaux

D'une règle et d'un crayon

De ruban à masquer

De 2 petites bandes de bois minces *20 x 1,5 cm (8 x ½ po)*

De 2 pinces en G *(serre-joints)*

D'une perceuse *avec une mèche de* *6 mm (¼ po)*

D'un goujon épais

1. Avec des ciseaux, découpez trois feuilles de plastique comme suit : couverture arrière 20 x 20 cm (8 x 8 po). Diviseur : La même taille que le premier mais ôtez une bordure de 2 cm (¾ po) sur trois côtés. Couverture avant : même taille que le premier mais ôtez une bordure de 3 cm (1¼ po) sur trois côtés.

4. Insérez le fil galvanisé dans le tube de plastique (disponible dans les quincailleries ou les animaleries offrant des produits pour les aquariums). Percez un trou à une des extrémités du goujon et marquez des intervalles de 2 cm (¾ po). Insérez le fil dans le trou et enroulez le tube tout autour pour fabriquer un ressort spiralé de la grandeur requise.

2. Positionnez les trois feuilles une par-dessus l'autre en les alignant du côté gauche, où sera placé le tube en spirale. Assurez-vous que les bords soient égaux sur les trois autres côtés. Maintenez avec du ruban à masquer. Marquez les points pour percer les trous à un intervalle de 2 cm (¾ po). Marquez les même points sur le bloc-notes et sur une des lattes.

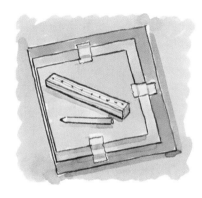

5. Divisez le bloc-notes en deux et insérez le diviseur de plastique. Ajoutez la couverture avant et arrière. Alignez tous les trous et insérez le tube de plastique dans les trous en le remontant soigneusement. Taillez l'excès de tube en laissant 2 cm (¾ po) de tube à chaque extrémité. Pliez-les au bon angle et collez une perle à chaque bout.

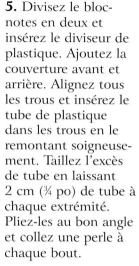

3. Collez le bloc-notes et les feuilles de plastique avec du ruban adhésif, alignez bien tous les points de marquage ensemble. Placez le tout dans les pinces G (serre-joints) entre les lattes de bois avec celle marquée sur le dessus. Percez les trous.

6. Ornez le devant du bloc avec une étoile fluorescente. Posez de petits morceaux de ruban à tapis double face à l'arrière du papier argenté et coupez-le en petits carrés. Collez-les à l'intérieur de la couverture de plastique arrière afin qu'ils apparaissent comme une bordure.

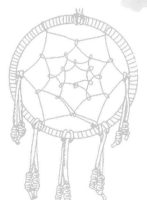

Se récréer et s'amuser

Cet album de montage joyeux aux couleurs vibrantes est facile à réaliser et une fois terminé, vous pouvez simplement insérer vos photos, talons de billets et autres souvenirs sous le grillage de raphia, sans colle et sans ruban adhésif. Les enveloppes peuvent être remplies de lettres, photos supplémentaires et autres moments précieux mais assurez-vous que les objets ne soient pas trop volumineux, car les enveloppes pourraient se déchirer.

VOUS AUREZ BESOIN

D'un paquet de cartons ondulés de différentes couleurs
30 x 40 cm (12 x 16 po)

D'un carton ordinaire carré de
20 cm (8 po)

D'enveloppes de couleurs vibrantes

D'une aiguille à repriser

De raphia ou d'une frange de raphia

Une autre alternative pour décorer votre couverture ? Vous pouvez utiliser une carte de souhaits et la fixer avec de la colle ou du ruban adhésif double face.

1. Choisissez une feuille de carton ondulé pour la couverture et ornez-la de photos entourées de franges de raphia. Fixez le carré de carton ordinaire sur la couverture avant avec du ruban adhésif double face et agencez les photos frangées d'une manière attrayante.

3. Empilez les pages en ordre avec le côté ondulé faisant face à chacune et joignez-les ensemble en cousant au point de croix sur le côté le plus long du livre. Utilisez une aiguille à repriser avec le fil de raphia.

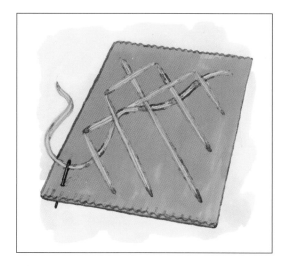

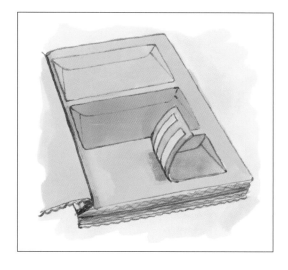

2. Pour façonner les pages avec le grillage, enfilez l'aiguille à repriser avec du fil de raphia et cousez des lignes diagonales en parallèle à 7,5 cm (3 po) l'une de l'autre sur une feuille de carton ondulé, dans une seule direction. Répétez ensuite dans la direction opposée. Répétez pour fabriquer 8 pages.

4. Sur le côté envers des pages de carton ondulé, fixez les enveloppes de couleur avec du ruban double face.

Album funky

*Les ingrédients principaux qui entrent dans la construction de cet album de montage sont des panneaux
à affiches multicolores, du papier d'emballage et des cartes de souhaits. Les couvertures
sont faites de cartons enveloppés de papiers d'emballage, insérés entre deux
feuilles d'acétate clair et maintenus ensemble par des œillets.*

VOUS AUREZ BESOIN

De 2 morceaux de carton
24 x 40 cm (10 x 16 po)

De 4 feuilles d'acétate clair
24 x 40 cm (10 x 16 po)

De 12 feuilles de carton à affiches,
poids léger, multicolores
24 x 40 cm (10 x 16 po)

De papier d'emballage

De cartes de souhaits, vieux
magazines, etc.

De corde ou ruban

D'un poinçon à trous

D'un poinçon à œillet et
d'œillets

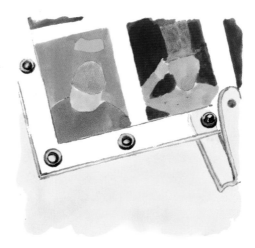

2. Poinçonnez les trous pour les œillets dans un coin à la fois. Insérez un œillet dans chaque trou et pincez-les fermement. Continuez à faire les trous pour les œillets tout autour des bords du panneau en les espaçant également.

1. Couvrez les deux morceaux de carton avec le papier d'emballage et décorez chaque côté différemment avec les motifs découpés dans les cartes de souhaits, les magazines, etc. Lorsque la colle est sèche, insérez chaque panneau entre deux feuilles d'acétate clair.

3. Percez deux trous dans chacune des feuilles en vous assurant qu'ils coïncident bien avec ceux du côté gauche de la couverture avant. Attachez les feuilles et les couvertures ensemble avec de la corde (ou du ruban) passé au travers des trous d'œillets. Nouez-la comme il faut mais assez lâche pour qu'il y ait un jeu permettant de tourner facilement les pages.

Journal de style gothique

Un fermoir inspiré de la joaillerie médiévale et des pages de garde richement peintes transforment ce journal banal en un journal personnel de style gothique dans lequel vous aimerez écrire chaque jour.

Le fermoir est élaboré à partir de cuivre tordu et de clous de tapisserie (avec la majeure partie de la pointe taillée) sur une base de carton mince et la sangle est faite de deux couches de tissu à reliure peint de la même couleur que le fermoir. L'arrière du fermoir et de la sangle sont ensuite doublés par du feutre et fixés au panneau avec de la colle, de la soie et du fil. Un rappel du concept est embossé sur le panneau de couverture et utilise des retailles découpées dans le carton gris. Vous pouvez, bien sûr, expérimenter avec le laiton ou le fil d'argent, du vitrail ou de vieilles pièces de joaillerie et le style du fermoir peut être simple et élégant, juste avec quelques fils torsadés, ou très travaillé, comme dans ce projet.

VOUS AUREZ BESOIN

D'un panneau gris

De toile à livre

De papier pour les pages

De pages de garde décorées

De fil de lin

De mousseline

De papier Craft

D'une carte mince

De matériaux pour le fermoir

De peintures acryliques

De fil de cuivre

Du feutre contrastant ou à assortir avec la toile de fond

De papier ciré

De colle PVA

De pâte à la farine de blé

De velcro assorti

D'un couteau (scalpel)

D'une règle de métal

D'une planche à découper ou d'un tapis

D'un lissoir

De diviseurs

De colle et pinceaux à colle

D'une aiguille à coudre

D'une pince pour plier et couper les fils (optionnel)

D'un morceau de mousse épais, plus grand que la taille des panneaux de couverture

D'une presse ou de panneaux pour presser et des pinces G (serre-joints)

D'un marteau (et burin optionnel)

1. Pliez, coupez, pressez et cousez les pages du journal.

2. Pour le fermoir, coupez deux morceaux de carte mince de la forme de votre choix et décidez de la largeur de la sangle – ici, elle est de 2 cm (¾ po). Coupez deux morceaux de toile, de deux fois cette largeur et d'approximativement 10 cm (4 po) de long. Collez ensuite les morceaux ensemble. Pliez les deux côtés vers le centre, lissez les plis et collez. Mettez sous presse ou sous un poids une ou deux minutes.

3. Collez la sangle à l'une des formes de carte fabriquée à l'étape n°2 (A). Coupez ensuite un autre morceau de carte mince de la même taille que (A) mais taillez pour qu'elle s'ajuste au bout de la sangle (B), collez-le. Finalement, collez la forme de la deuxième carte au-dessus de (B) afin que la sangle soit prise en sandwich entre les deux (C).

4. Appliquez de la colle sur le fermoir, chiffonnez le papier et enroulez le fil autour et au travers de la forme de carton. Ajoutez des clous de tapissier ou ce que vous avez choisi d'utiliser. Peignez le fermoir et la sangle avec de l'acrylique, épongez ensuite le fil. Continuez à peindre et à éponger jusqu'à ce que vous ayez obtenu l'effet désiré.

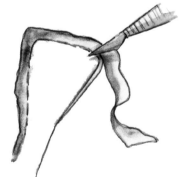

5. Collez une pièce de feutre plus grande au dos du fermoir et de la sangle, et lorsque la colle est sèche, taillez le feutre à la bonne grandeur. Mettez de côté.

6. Fabriquez une paire de papiers de garde décoratifs ou utilisez du papier imprimé commercial et attachez-les au livre. Pour coller le dos, taillez le livre (si désiré), alignez le dos et coupez les panneaux de couverture.

7. Avant de collez le deuxième panneau, vous devrez ajouter la forme découpée qui fera la partie embossée. En utilisant le fermoir comme modèle, reprenez le dessin sur un morceau de carte mince et découpez-le. Collez cette forme en position sur le panneau de devant.

8. Pour que la sangle soit nette, sécuritaire et maintenue en position, il serait bon de tailler une petite cavité dans le panneau. Pour ce faire, marquez le point du centre sur le long du panneau (A) et posez la sangle de façon à ce que son centre soit aligné avec le point (A). Ajoutez juste 3 mm (1/8 po) sur chaque côté de la sangle et marquez par deux points diviseurs (B). La cavité, sur le modèle, est de 4,5 cm (1 3/4 po) de long mais vous pouvez l'allonger ou la raccourcir si vous le désirez (C).

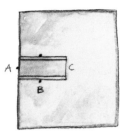

9. Mesurez l'épaisseur de la sangle avec les diviseurs et découpez la même épaisseur du panneau pour la cavité. Utilisez un couteau résistant ou un marteau et un burin pour détacher le point (A), coupez la cavité marquée dans l'étape n°8.

10. Tournez le panneau de l'autre côté et pratiquez une autre cavité de la même épaisseur que précédemment et de 2,5 cm (1 po) de long, vers le bord du dos, loin de la fente (A).

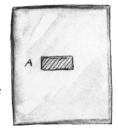

11. Coupez votre tissu de couverture 2 cm (3/4 po) plus grand tout autour de l'extrémité des panneaux et du dos. À ce stade, les panneaux de couverture doivent être pressés aussitôt que vous les collez. Si vous n'avez pas de presse, vous pouvez utilisez des panneaux à presser et deux pinces G (serre-joints). Lorsque vous avez appliqué le tissu, placez le panneau de couverture avec le tissu, endroit sur le dessus sur un panneau à presser (A), étendez la mousse par-dessus (B) et couvrez-le avec un autre panneau à presser (C). Placez-le dans la presse ou entre deux pinces et serrez jusqu'à ce que la mousse soit presque plate. Attendez 10 à 15 minutes. Exécutez ces étapes sur les deux panneaux, devant et derrière, en attachant le dos dans le centre et laissez sécher sous un poids entre les feuilles de papier ciré et les panneaux à presser.

12. Placez les pages du journal préparées à l'étape n°1 dans l'étui complété et mesurez la longueur de sangle désirée. Ceci est figuré dans le diagramme de (A) à (B) à (C). Placez le fermoir en position, passez la sangle autour de l'avant bord du livre au travers de la fente à (B). Coupez la sangle pour qu'elle s'ajuste dans la cavité interne, collez et martelez pour aplatir.

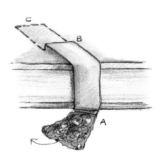

13. Collez la sangle dans la cavité sur l'extérieur du panneau. Si vous le désirez, vous pouvez ajouter des points décoratifs avec du fil de soie ou de la ficelle peinte, en les passant au travers du panneau et de la cavité vers l'intérieur du panneau.

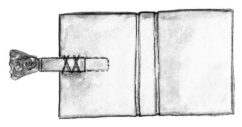

14. Coupez la mousseline et les rubans de grandeur égale et placez sur les pages de garde. Assurez-vous de bien presser le livre avec la sangle défaite en utilisant la mousse, sinon vous n'aurez pas un pressage égal.

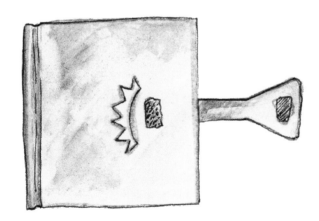

15. Le jour suivant, lorsque le livre est bien sec, collez un petit morceau de velcro sur le panneau avant et sur le derrière du fermoir pour qu'il serve d'attache. Le livre est maintenant prêt à l'utilisation.

Dossier mode

Cet album de montage enflammera l'imagination de n'importe quelle adolescente et fournira un endroit parfait pour exprimer ses propres idées sur l'art et la mode.

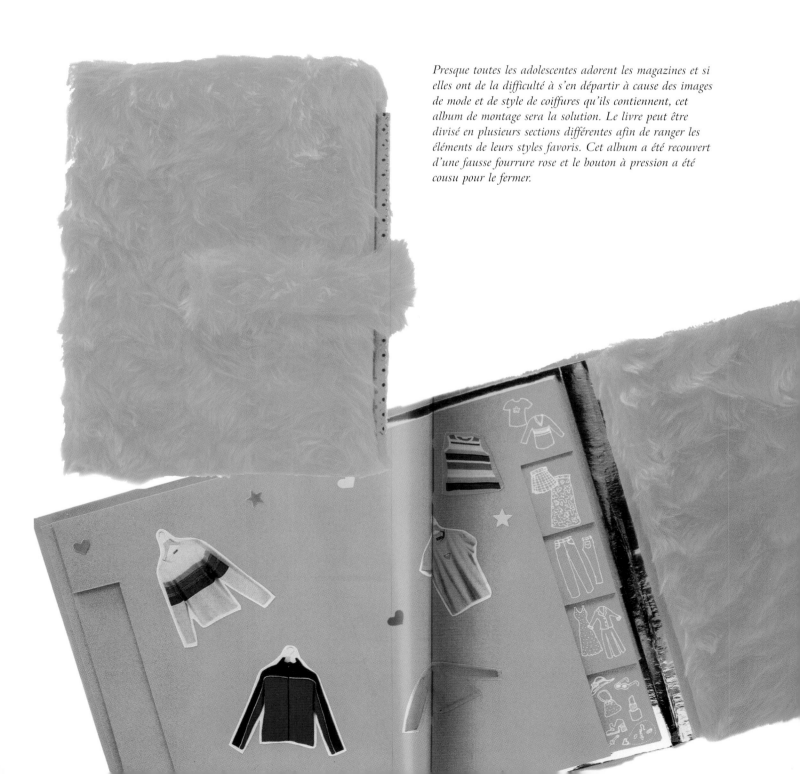

Presque toutes les adolescentes adorent les magazines et si elles ont de la difficulté à s'en départir à cause des images de mode et de style de coiffures qu'ils contiennent, cet album de montage sera la solution. Le livre peut être divisé en plusieurs sections différentes afin de ranger les éléments de leurs styles favoris. Cet album a été recouvert d'une fausse fourrure rose et le bouton à pression a été cousu pour le fermer.

Feutre de fantaisie

Voici une couverture simple faite de feutre cousu, qui donne un style spécial et peu coûteux à un simple cahier de notes. Les feuilles de garde et le motif ont été choisis pour s'harmoniser au style et à la couleur du projet.

Sous cette couverture facile à enfiler, on retrouve un cahier de notes bien ordinaire qui peut être obtenu dans une papeterie. La couverture a été fabriquée avec plusieurs couches de feutre et représente une feuille toute simple, cousue au point de devant. C'est un petit livre idéal pour les étudiants qui le traîneront partout et y noteront des anecdotes survenues en classe ou les adresses et numéros de téléphone de leurs amis.

1. Coupez deux feuilles de 29 x 19 cm (11½ x 7½ po) dans le papier pour les pages de garde. Collez une feuille sur l'intérieur de la couverture arrière et lissez avec votre lissoir pour que le tout soit bien en place. Assurez-vous de bien ajuster le pli du dos. Laissez sécher et répéter ensuite l'opération avec la couverture avant.

4. Couvrez le livre avec le feutre vert clair. Marquez la position du motif sur la couverture avant et arrière du livre. Dessinez le pourtour du gabarit de la feuille sur le feutre et coupez deux morceaux..

2. Coupez un morceau de 27 x 17 cm (10½ x 6¾ po) dans du feutre noir. Avec un ciseau cranté, coupez un morceau de 26 x 17 cm (10¼ x 6¾ po) dans du feutre vert foncé. Coupez un autre morceau de 25,5 x 16 cm (9¾ x 6¼ po) de feutre vert clair.

5. Placez le feutre vert clair sur celui vert foncé et faites une bordure en zigzag. Cousez les feutres ensemble tout autour des formes de feuilles avec du coton vert pâle. Formez les veines de la feuille avec du fil à broder épais de couleur noire, chacune un peu plus longue que la feuille. Faites un nœud à chaque extrémité. Maintenez en place avec du coton noir et vert.

3. Dessinez un gabarit de feuille en pliant une feuille de papier en deux. Dessinez une forme de feuille en utilisant le pli comme veine et coupez une forme symétrique.

6. Placez les feuilles vertes sur le feutre noir (ceci doublera l'intérieur de la couverture avant). Collez les feuilles en position avec de la colle d'artisanat. Formez les veines et cousez-les comme précédemment en utilisant du fil jaune pâle.

7. Avec une règle de métal et un couteau d'artisanat, taillez deux lignes parallèles à 15 x 4 cm (6 x 1½ po) d'intervalle, au centre du feutre noir. Appliquez un peu de colle d'artisanat sur le derrière de la bande et placez-la sur le dos de la couverture, entre les formes de feuilles. Laissez sécher.

8. Avec les ciseaux crantés, coupez une bande de feutre vert foncé 16 x 2,5 cm (6¼ x 1 po) de large et une autre dans le noir 15 x 1,5 cm (6 x ½ po). Posez-les sur le feutre noir du dos. Apposez un bouton vert sur le dessus avec un peu de fil à broder vert pâle. Cousez tout au long du dos avec un point droit et attachez l'autre bouton en dessous. Continuez la couture avec le point droit en revenant vers le haut et nouez le fil par en dessous.

9. Pour façonner l'intérieur de la couverture, placez le feutre noir en position. Cousez au point de devant tout autour du bord de la couverture. Assurez-vous de laisser suffisamment d'espace pour que la couverture s'enfile facilement sur votre cahier.

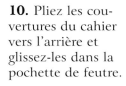

10. Pliez les couvertures du cahier vers l'arrière et glissez-les dans la pochette de feutre.

Dessous : une autre idée de couverture.

Dossier ordinateur

Rangez tous vos documents d'ordinateur, qu'ils soient sur disquettes ou imprimés sur papier, dans ce dossier innovateur en plastique. Des élastiques ronds ont été installés sur le devant du dossier, qui offre un endroit sécuritaire pour les disquettes. Afin de personnaliser ce dossier, vous pouvez y inclure vos images dans le cadre spécial qui a été découpé sur le côté avec un couteau d'artisanat.

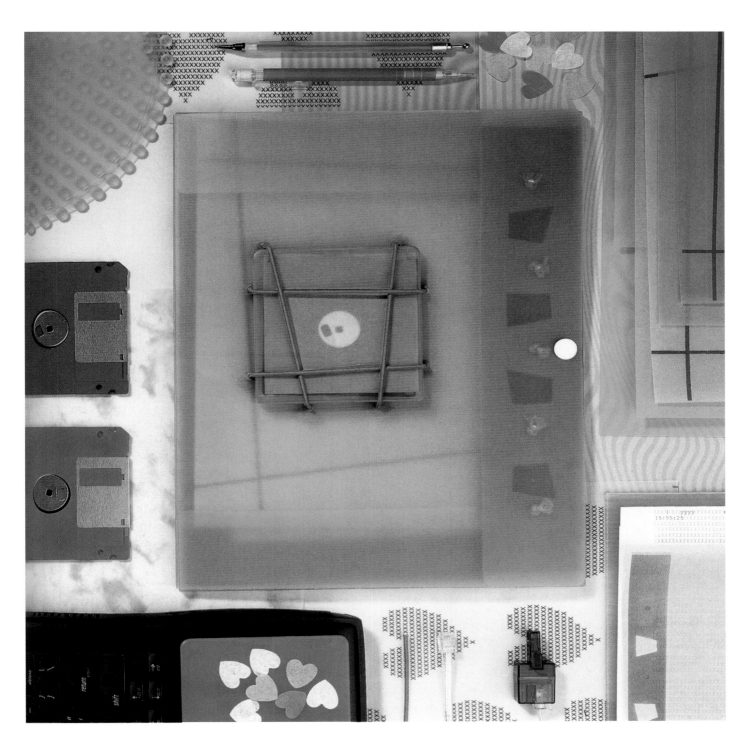

Les années d'école

Cet album de montage servira à garder les dessins, photos, bulletins d'école, prix, diplômes, médailles et, en fait, n'importe quel autre objet qui rappellera ces années d'écoles. Le livre peut être divisé en sections pour chaque année..

Si vous concevez vous-même votre propre panneau au point de croix pour la couverture, vous pourrez inclure des souvenirs personnels sur le passé de votre enfant. De petits motifs assortis peuvent être travaillés et attachés aux enveloppes.

VOUS AUREZ BESOIN

D'un livre avec des pages blanches à recouvrir

D'enveloppes Manilla de la même taille (ou plus petites) **que les pages du livre**

De tissu Gingham (Vichy)

De tissu à trame régulière (un tissu Aida 16 fils au pouce a été utilisé dans ce modèle)

De fil à brins et d'une aiguille à tapisserie

D'un cadre à broderie (optionnel)

D'épingles

D'une toile à fusionner

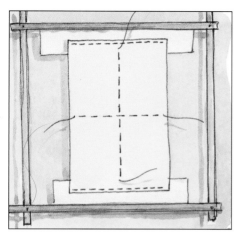

1. Décidez de la taille du panneau au point de croix et allouez un espace supplémentaire de 5 cm (2 po) sur tout le pourtour. Coupez le tissu à trame régulière et attachez-le sur le cadre, si désiré. Marquez le centre horizontal et vertical du tissu avec un faufilage de couleur. Calculez toujours la position des motifs et des bordures à partir du centre.

4. Lorsque la broderie est complétée, coupez le panneau à la taille voulue, tout en laissant suffisamment de tissu pour pouvoir ôter quelques brins et façonner la frange.

2. Établissez votre propre carte de travail ou votre plan, ou choisissez un autre motif et dessinez-en les contours sur du papier quadrillé, en comptant un carré pour chaque point de croix.

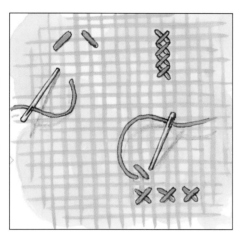

3. En suivant la charte, travaillez sur le panneau au point de croix avec deux fils de soie, si vous utilisez un tissu Aida. Un carré représente un point de croix. Pour avoir le meilleur effet, le point supérieur devrait toujours être dans la même direction.

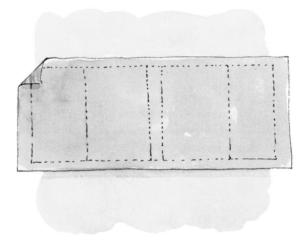

5. Pour couvrir le livre, coupez le tissu Gingham (Vichy) à la taille juste, en laissant un 5 cm (2 po) supplémentaire tout autour. Repassez pour aplatir le tissu avant de commencer.

Ôtez quelques pages de votre cahier pour laisser du volume à chaque enveloppe. Utilisez la toile à fusionner pour fixer le panneau au point de croix et les motifs.

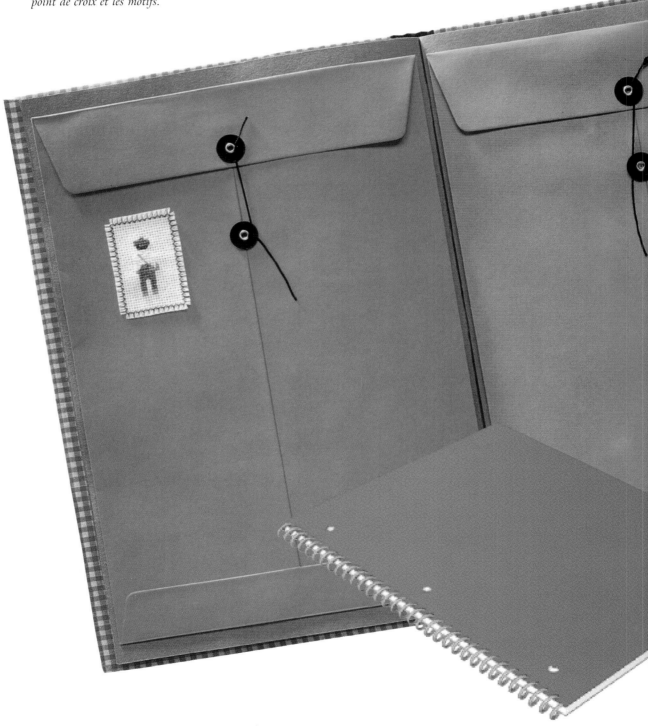

6. Ajustez la couverture tout autour du livre, envers sur le dessus. Épinglez et faufilez pour l'ajuster en vous assurant que l'espace laissé pour la couture sur le rabat intérieur est adéquat. Retirez la couverture et repassez au point arrière sur la couture ou à la machine, au travers des rabats.

7. Retournez à l'endroit et assurez-vous que les coins sont bien carrés et bien nets. Enfilez la couverture sur le livre en plaçant le surplus de la couture vers l'extérieur de la couverture pour donner plus d'espace au dos. Découpez un morceau de toile à fusionner de la taille de vos motifs et repassez les motifs au point de croix sur l'avant avec un fer à repasser, tel que désiré.

8. Fixez les enveloppes aux pages avec du ruban adhésif double face. Elles seront très utiles pour ranger les bulletins et les diplômes. Ne les remplissez pas outre mesure. car elles ne tiendraient plus en place.

BOÎTE À SOUVENIRS

Quiconque a déjà rempli une boîte à chaussures avec des photos de famille ou entassé de petits trésors dans une boîte à cigares, a fabriqué une boîte à souvenirs. Cette section du livre vous donne vraiment les bases de fabrication de votre propre boîte à souvenirs pour y garder vos lettres, coquillages, bulletins, morceaux de bijoux brisés, mèche de cheveux de bébé et tous les biens éphémères. Malgré les styles variés, la plupart des boîtes partagent les mêmes éléments d'architecture de base : un étui, un plateau, un couvercle et un côté. Les façons de décorer ces boîtes sont toutefois sans fin et font de chacune un bel objet unique.

Boîtes de base

La répétition des étapes impliquées dans la fabrication de boîtes vous permettra de devenir vite à l'aise. Au début, vous vous référerez probablement souvent à ces pages mais très bientôt, vous n'aurez plus besoin de les consulter pour créer vos propres boîtes magnifiques.

PARTIES DE LA BOÎTE

Une boîte est composée de plusieurs parties différentes : l'étui, les côtés, le plateau et le couvercle. L'étui qui consiste en un devant, un derrière et un dos, est construit en assemblant les panneaux sur le matériel à recouvrir, en y laissant souvent un espace entre les panneaux (appelé un joint) pour servir de charnière.

La plus simple des boîtes est un étui sans côtés, sans plateau, sans couvercle.

Les côtés sont des panneaux fixés à l'étui sur le dessus (tête), sur le dessous (queue) et sur le côté extérieur. Ils peuvent être construits séparément et collés sur l'étui ou ils peuvent être bâtis à partir de l'étui lui-même. Les côtés servent à contenir les objets à l'intérieur afin qu'ils ne tombent pas.

Les plateaux sont fabriqués d'une base de panneau avec des murs qui y sont collés avant de les recouvrir. Les plateaux ont trois ou quatre murs, tout dépendant du style de la boîte.

Les couvercles, sans attaches ou encore attachés au dos, sont des panneaux construits un peu plus grands que les plateaux. Ils permettent une ouverture pour l'accessibilité et peuvent être soulevés. Ils sont souvent ornés de poignées, boutons, rubans et autres attaches.

LE SENS DU GRAIN

Celui qui a déjà déchiré un article provenant d'un journal a donc déjà eu une leçon sur le sens du grain. Tiré dans un sens, le papier se déchire très facilement alors que lorsqu'il est tiré dans un sens perpendiculaire, le papier se déchire mal. La déchirure nette est dans le sens du grain, la déchirure irrégulière est contre le grain.

Le grain est inhérent au papier, au tissu et au panneau. Il est déterminé par un alignement de fibres. Le sens dans lequel la plupart des fibres sont alignées est le sens du grain du matériel.

Pour que les parties mobiles de la boîte puissent être facilement travaillées sans subir de pression, le grain doit être parallèle à l'articulation. Dans un livre, le grain est parallèle au dos, ce qui facilite la manipulation de la couverture et des pages. Il en va de même dans la fabrication des boîtes : le grain doit être parallèle au dos de la boîte.

COMMENT DÉTERMINER
LE SENS DU GRAIN

La meilleure façon de déterminer le sens du grain est de vous fier à votre sens du toucher. Pour le papier et le tissu, pliez doucement le matériel (ne le froissez pas) et roulez-le d'avant en arrière plusieurs fois. Laissez le papier ou le tissu au repos et ensuite, pliez-le et roulez-le d'avant en arrière, dans la direction opposée. La direction dans laquelle vous ressentez le moins de résistance est celle du sens du grain.

Pour le panneau, prenez un coin dans chaque main et pliez. Ensuite, relâchez-le. Répétez la même opération dans le sens opposé. La direction qui oppose le moins de résistance est le sens du grain

MESURER

Toutes les boîtes débutent par l'intérieur pour finir par l'extérieur. Le premier morceau de panneau à être mesuré et coupé est le panneau de base, soit celui sur lequel vos objets (livres, photos, billes) reposeront. La mesure de tous les autres panneaux découlera de celles de la base. La base a deux dimensions : la hauteur et la largeur.

La hauteur est la distance entre le dessus et le dessous ou, dans le langage de la reliure (utilisé tout au long de ce livre), de la tête à la queue. La largeur est la distance d'un côté à l'autre côté ou, plus précisément, du dos au côté extérieur. La troisième dimension de la boîte est sa profondeur, qui se retrouve dans ses murs. La profondeur est en fonction de l'épaisseur de l'objet à être inséré dans la boîte; la distance, par exemple, de la carte du dessus à la carte du dessous dans un jeu de cartes.

Grain

Mur de tête

Mur de queue

Mur de dos

Mur externe

COUPER

Il est bon d'avoir toujours sous la main un couteau à papier. Qu'il soit de table ou à main libre, un couteau à papier (ou des cisailles à panneau) fait toute la différence entre un découpage facile ou laborieux. Un bon couteau muni d'un guide de coupe avec un côté perpendiculaire au côté de la coupe, une pince pour tenir le matériel en place et une paire de lames au-dessus et en dessous est un vrai plaisir à utiliser. Si vous ne disposez pas d'un couteau à papier, utilisez un couteau utilitaire et une règle en T. Pour assurer la précision de la coupe, vous devez suivre le procédé en quatre étapes.

1. Déterminez le sens du grain du panneau (révisez la section : comment déterminer le sens du grain, à la page 210). Le sens du grain doit aller de la tête à la queue sur tous les panneaux.

2. Coupez grossièrement le panneau à la grandeur approximative requise pour la boîte. Un panneau trop grand est difficile à manipuler et ne pourra pas se placer sur un banc de coupe.

3. Égalisez le panneau en taillant un côté long du panneau et un côté plus court, perpendiculaire pour former un angle droit.

4. Marquez le panneau en plaçant l'objet qui sera contenu dans la boîte sur le coin et marquez au crayon la hauteur et la largeur désirées.

Pour déterminer la profondeur de l'objet qui sera contenu dans la boîte, faites un pli dans un bout de papier pour former un angle droit, glissez ce morceau de papier sous l'objet et faites un pli parallèle dans le papier en enserrant l'objet entre les deux plis. Transférez ces mesures – la distance d'un pli à l'autre – à votre panneau.

COMMENT CONSTRUIRE LE PLATEAU

Placez la pince G et un panneau de bois sur votre table de travail. Étalez un morceau de papier ciré. Placez le panneau de base sur le papier ciré. Avec une colle PVA très résistante et un petit pinceau, étalez une fine ligne de colle au long du côté du mur de tête, là où il touche la base. Positionnez ce mur contre le panneau de bois avec la pince et poussez la base bien au fond. (Le panneau avec la pince supporte le mur et aide à maintenir un angle droit). Ôtez tout excès de colle avec votre lissoir. Collez le mur externe en étalant la colle tout au long du côté qui touche la base et aussi le long du côté qui rejoint le mur de tête. Collez le mur de queue en étalant la colle tout au long du côté touchant la base et aussi le côté qui rejoint le mur externe. Collez le mur du dos en étalant la colle tout au long du côté qui touche la base et aussi les deux côtés qui rejoignent le mur de tête et le mur de queue. Laissez le plateau reposer jusqu'à ce qu'il soit sec (15 minutes). Détachez le plateau du papier ciré et sablez tous les joints, si nécessaire. Le plateau est prêt à être recouvert.

RECOUVRIR L'EXTÉRIEUR

Coupez un morceau de papier suffisamment long pour envelopper tous les murs, plus 1 cm (½ po). (Si votre papier décoratif n'est pas suffisamment long, utilisez deux morceaux plus courts et planifiez la couture afin qu'elle tombe sur un coin). En largeur, le papier devrait être de deux fois la profondeur du plateau plus 4 cm (1½ po).

Collez le papier. Donner le temps au papier de s'étendre et de ne plus se recourber. Positionnez votre plateau avec le bas vers vous, approximativement à 2 cm (¾ po) de distance du côté long du papier et à 1 cm (½ po) du côté court. Pliez le 1 cm (½ po) d'extension autour du coin et sur le mur.

Glissez le plateau sur le papier en le poussant légèrement dans chaque angle droit. tel que formé. Avant de terminer le dernier angle, vérifiez que le papier soit bien ajusté. Si le papier s'est étendu au-delà du bord du panneau, coupez-le pour qu'il soit bien ajusté.

Souvenez-vous que du papier mouillé a tendance à se déchirer. Pour minimiser ce risque, placez un morceau de papier ciré au-dessus du papier à être taillé et coupez au travers du papier ciré en utilisant un petit mouvement de scie avec votre couteau. Utilisez un lissoir pour plier le rabat de 2 cm (¾ po) sur le fond du plateau. Coupez les coins au ciseau et pressez bien le papier en position.

LA FINITION INTÉRIEURE

Pour finir l'intérieur du plateau (A), des bandes de papier de la même épaisseur que la largeur du panneau doivent être prélevées à chacun des quatre coins. Positionnez le plateau sur le mur du dos, sur une planche à découper. Placez votre triangle de métal sur le papier. Un côté du triangle devrait toucher le bord du panneau (épaisseur) lorsque le triangle est glissé fermement dans la courbe du papier d'emballage dans le coin gauche. Avec votre couteau, coupez au travers du papier. Débutez la taille avec la pointe du couteau qui s'appuie au panneau. Pratiquez une coupe parallèle, l'épaisseur d'un panneau de distance de la coupe originale. Il est important de ne pas effectuer cette coupe directement au panneau. En repositionnant le triangle, placez votre couteau à une distance de 1 ½ l'épaisseur de panneau du panneau lui-même et taillez. Avec votre couteau, faites une coupe diagonale entre les points de départ de ces deux coupes parallèles. Cette coupe libère la bande de papier – épaisseur d'un panneau en largeur – ce qui permet au papier de couverture d'être tourné précisément à l'intérieur du plateau. Cela crée également un joint de coin. En gardant le plateau sur son mur de dos, répétez ces coupes pour le côté droit. Tournez le plateau sur son mur externe. Pratiquez les coupes comme décrit précédemment, en commençant par le coin gauche et ensuite, le droit.

Note : ces coupes sont exécutées seulement sur deux des côtés des quatre murs. J'ai choisi la paire opposée soit, le mur de tête et le mur de queue.

Vos coupes finales sont exécutées avec les ciseaux. Lissez le papier couverture du mur du dos à l'intérieur du plateau, pressez-le fermement contre le mur intérieur en forçant le papier dans l'angle droit, là où la base rejoint le mur du dos. Défroissez doucement le papier en le lissant avec votre lissoir tout au long de la jointure. Tirez le papier vers l'extérieur, coupez les deux coins et ôtez des triangles de papier de 45°. Assurez-vous que la coupe s'arrête à la marque du pli fait précédemment. Répétez avec le mur externe.
Vous êtes prêt à coller (B). En débutant avec la tête, collez le papier à recouvrir et poussez-le vers l'intérieur en le pressant fermement à chaque jointure. Frottez avec votre lissoir pour éliminer les bulles d'air et les grumeaux de colle. Répétez avec la queue. (Puisqu'on n'a pas ôté les bandes de papier de ces deux couvertures de murs, elles se superposeront aux coins. On s'assurera, de cette façon, que les jointures du panneau seront ainsi recouvertes). Collez la couverture du mur du dos et pressez-la en place. Collez la couverture du mur externe et pressez-la en place (C).

A

B

C

La boîte-livre

Cette boîte-livre gaie et charmante peut convenir pour garder votre livre de souvenirs, de même qu'elle peut vous fournir un endroit pratique pour ranger vos outils d'artisanat. Exécutez un collage sur l'extérieur de la boîte avec du papier à motifs vibrants et des morceaux de papier-tissu assortis. Choisissez un large motif pour créer votre thème.

VOUS AUREZ BESOIN

D'un panneau mat (carton d'assemblage)

D'une feuille de papier d'emballage coloré avec motif assez large

D'une feuille de papier-tissu colorée

De peinture acrylique

De ruban

D'une perle (optionnel)

D'un livre 14,82 x 20,99 cm (5,835 x 8,264 po) **avec couverture arrière rigide ou « scrapbook »**

De papier brun encollé

De ruban à masquer

D'une planche à découper

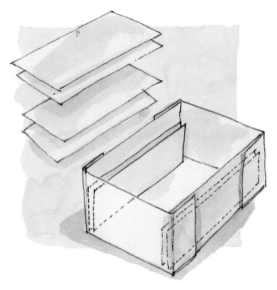

2. Formez l'étagère qui servira de support au plateau en coupant quatre morceaux de panneau mat de 5,5 cm x 22,5 cm (2¼ x 8¾ po). Retenez deux pièces ensemble avec le ruban à masquer et fixez-les à l'intérieur de la boîte pour former un côté de l'étagère. Répétez l'opération sur l'autre côté.

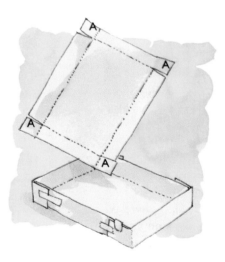

1. Mesurez un livre de 14,82 x 20,99 cm (5,835 x 8,264 po) et coupez un morceau de panneau mat (carton d'assemblage) pour faire le plateau. Laissez approximativement 2 cm (¾ po) tout autour pour les côtés du plateau. Coupez le panneau mat partiellement aux lignes de plis et coupez le long des lignes A pour créer les rabats. Retournez les rabats vers l'intérieur et maintenez-les avec du ruban à masquer. Répétez pour confectionner la boîte, approximativement 9 cm (3½ po) de profondeur, utilisez le plateau comme guide pour la longueur et la largeur.

3. Pour faire le couvercle, coupez deux morceaux de panneau mat aux mesures de la boîte. Attachez les morceaux ensemble avec le ruban à masquer et fixez-les tout au long du dos de la boîte. Façonnez une petite boucle de ruban et attachez-la au centre du couvercle, entre les deux morceaux de panneau. Maintenez le ruban en place avec du ruban adhésif. Si vous le désirez, vous pouvez fixer une perle ou un bouton sur l'avant de la boîte pour glisser la boucle par-dessus. Faites une petite boucle pour le plateau et attachez-la à l'avant-centre du plateau avec du ruban adhésif.

4. Appliquez du papier brun encollé tout autour de la boîte et à l'intérieur du plateau pour avoir une surface bien nette. Appliquez le découpage ou le collage sur l'extérieur et l'intérieur de la boîte et à l'intérieur du plateau. Si vous utilisez du papier-tissu fin, vous pourriez envisager de peindre le papier brun avant le collage avec de l'acrylique blanc pour aviver les couleurs. Terminez la boîte en découpant des motifs larges et colorés et en les collant sur le couvercle, le plateau et à l'intérieur de la boîte. Vous pouvez utiliser des motifs qui reflèteront les couleurs et les motifs de votre boîte pour orner les pages de votre livre. Peignez l'extérieur du plateau dans une couleur vibrante.

Cet album de montage est également un endroit idéal pour ranger les objets que vous voudriez possiblement exposer dans de futurs livres de souvenirs. Sous le plateau pratique, vous avez suffisamment de place pour les ciseaux, la colle, le couteau d'artisanat et les autres objets dont vous aurez besoin pour fabriquer d'autres albums de montage.

Boîte aux trésors

Cette magnifique boîte aux trésors prouve que la décoration avec de petits objets et le collage peuvent être une façon amusante de faire un cadeau très individuel.

FABRICATION DE LA BOÎTE

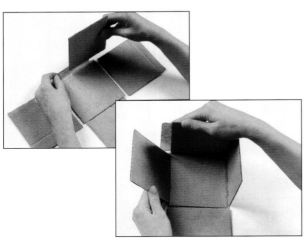

1. Coupez trois morceaux de carton ondulé de 12 cm (4¾ po) carrés et deux morceaux de 11 x 12 cm (4¼ x 4¾ po). Déchirez 8 morceaux de papier brun encollé de 10 cm (4 po) de long. Avec une éponge humide, humidifiez le côté brillant du ruban. Utilisez un des grands carrés comme base. Collez les autres morceaux à la base en formant une croix avec les morceaux de carton de taille égale s'opposant l'un à l'autre. Levez chaque côté de la boîte en position verticale et collez les coins avec le ruban adhésif. Frottez le papier jusqu'à ce qu'il soit bien lisse, en prenant soin de ne pas le pousser dans les côtés de la boîte.

3. Retournez les carrés pour que le plus petit des deux soit face vers le bas. Fixez les triangles à la base. Levez les triangles pour former une pyramide et collez tout au long des jointures de chaque bord. Recouvrez la pyramide avec des couches de papier collé et laissez sécher pour quelques jours.

4. Déchirez le papier commercial ou fabriqué à la main en bandes de 1,5 x 14 cm (¾ x 5½ po). Étendez de la colle, diluée avec de l'eau jusqu'à consistance laiteuse, avec un pinceau sur la boîte. Appliquez les bandes de papier. Collez soigneusement un bout par-dessus le côté et l'autre bout sur la base.

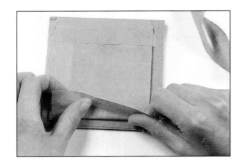

2. Pour fabriquer le couvercle, coupez un morceau de 12 cm (4¾ po) carrés et un autre de 11 cm (4¼ po) carrés dans une feuille de carton ondulé. Coupez 4 triangles dont la base et la hauteur mesurent 11,5 cm (4½ po) Avec des bandes de papier brun collant, fixez le plus petit carré sur le dessus du plus grand.

5. Couvrez les quatre côtés de la boîte avec des bandes et des formes déchirées. Collez en dessous et au-dessus de chaque pièce de papier. Décorez la boîte en utilisant la même technique. Vous pourriez également vouloir faire le collage à la base et à l'intérieur de la boîte.

6. Pour fabriquer les pattes, coupez deux bouchons de liège en deux. Cela peut s'avérer un peu difficile; faites toujours très attention lorsque vous utilisez le couteau d'artisanat. Coupez un troisième bouchon en deux pour l'utiliser comme poignée pour le dessus du couvercle. Taillez-le ou sablez-le pour obtenir une forme de balle et pratiquez un renfoncement d'à peu près la moitié de la profondeur à une des extrémités pour que la balle tienne sur le dessus de la pyramide.

8. Mélangez la colle Époxy selon les instructions du manufacturier. Appliquez-la sur l'extrémité non recouverte de chaque bouchon et positionnez-les à chaque coin de la base de la boîte. Appliquez la colle sur le dessus du couvercle et pressez le bouchon avec le renfoncement. Quand la colle est sèche, scellez le travail de la boîte avec un vernis à base d'eau.

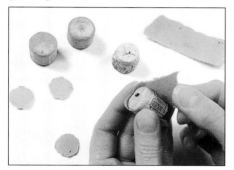

7. Déchirez une bande de papier légèrement plus longue et plus large que le bouchon. Étendez de la colle diluée sur le papier et enveloppez-le autour du bouchon. Recouvrez le bout de chaque moitié de bouchon avec un rond de papier encollé.

EN DESSOUS : *voici une autre idée pour une boîte aux trésors qui a été réalisée avec un arrangement de boutons et de retailles de rubans.*

Glossaire

Album à reliure avec vis extensibles
Album de montage contenant des pages perforées maintenues ensemble par des vis de métal extensibles.

Alêne
Instrument muni d'une pointe de métal et de poignées en bois, utile pour exécuter la préparation des trous au travers des couches de papier, de cartes ou de carton.

Cale
Petite pièce mince de matériel (bois, métal ou pierre) utilisée pour remplir l'espace entre deux choses (comme support, élévation, ajustement).

Calibrage
Procédé d'ajout d'une solution d'amidon ou de gélatine (size) à la pulpe de papier pour diminuer l'absorption du papier.

Chanvre
Fibre de plante (Cannabis sativa) à haute teneur en cellulose. La fibre est extraite de la tige et est utilisée dans la fabrication de cordes ou de matériaux grossiers.

Ciseaux à bords décoratifs
Ciseaux dont les lames présentent des dentelures qui servent à exécuter des bordures décoratives, telles que les festons.

Ciseaux crantés
Ciseaux à bords de lames dentelés qui servent à effectuer des coupes en zigzag.

Colles
Adhésifs dont certains sont flexibles et utilisés au dos de plusieurs sortes de reliures. Ils sont de type spécialisé pour les archives et faciles à enlever.

Colle blanche
Adhésif flexible à base de plastique. Il ne convient pas pour les archives.

Colorants
Agents solubles et colorants qui pénètrent la structure d'une fibre et y adhèrent.

Couchage
Dans la fabrication du papier, c'est un procédé par lequel on transfère la feuille de papier fraîchement fabriquée de la surface du moule sur un feutre humide.

Cuve
Contenant pour la pulpe dans lequel les feuilles de papier sont fabriquées.

Embossage
Procédé utilisé pour créer un soulèvement ou un motif en surimpression sur une surface.

Entoilage à repasser ou toile à fusionner
Ruban double face ou tissu avec adhésif, utilisé un peu comme une doublure, pour renforcer ou raidir un tissu lorsqu'il est repassé sur le tissu.

Feutre
Dans la fabrication du papier, il s'agit d'une pièce de laine tissée sur laquelle on transfère ou couche une feuille de papier nouvellement formée. C'est également un genre de linge épais et doux fabriqué d'une masse de laine et de poils.

Fibre
Filaments, fins et entrecroisés, dans le tissu d'une plante, qui sont utilisés pour fabriquer la pulpe et le papier.

Goujon
Tige ou cheville sans tête fabriquée de bois, métal ou plastique, qui sert à maintenir ensemble les composantes d'une structure.

Jointer
Procédé de finition des coins d'un livre.

Latte
Longue bande de bois.

Liage
Interaction entre les fibres de cellulose et l'eau qui, lorsqu'elles passent par le raffinage et le séchage, adhèrent pour former le papier.

Liquide à embosser
Liquide particulier utilisé pour ajouter un aspect tridimensionnel à une page ou une couverture.

Lissoir
Outil fabriqué à partir d'une forme en losange taillée dans un os, le plus souvent. Il est utilisé pour faire les plis dans le papier et dans les cartons ou pour lisser les plis et les bulles d'air dans le papier doublure qui a été collé.

Marbrure
Création de papiers décoratifs avec un effet marbré en laissant flotter de la couleur sur une surface d'eau et en transférant le motif sur le papier.

Molette
Petit rouleau à main qui sert à étendre l'encre.

Moule
Cadre rectangulaire couvert avec un genre de treillis ou une surface grillagée, utilisé pour la formation des feuilles dans la fabrication du papier.

Ouate ou bourre
Couches ou feuilles de coton naturel, laine ou fibres synthétiques, utilisées pour doubler les courtepointes, bourrer ou empaqueter.

Page de garde
Feuille pliée dont une moitié est collée sur la couverture rigide avant ou arrière d'un livre, l'autre moitié étant collée à la première ou dernière page du livre.

Panneau
Couverture rigide recouverte de papier ou de tissu pour créer la couverture avant ou arrière d'un livre.

Panneau en mousse (Polyboard)
Pièce de mousse prise en sandwich entre deux feuilles de carton. On l'utilise fréquemment pour la couverture des livres.

Papier mâché
Appellation française du «chewed paper». Matériau fait de pulpe de papier mélangée avec de la colle, qui peut être moulé lorsqu'il est mouillé. Par la suite, il est cuit pour produire une substance résistante mais légère, qui sera peinte ou polie.

Pâtes
Adhésifs fabriqués de farine de blé ou de riz, utilisés pour coller le cuir aux dos, papier sur papier et papier sur panneau.

Photo en tissu
Photo qui a été transférée sur un tissu, habituellement du coton.

Poinçon à cuir
Poinçon rotatif utilisé pour faire les trous dans des matériaux épais et rigides.

Poste
Paquet de feuilles nouvellement fabriquées alternées avec des couches de feutre, prêtes à être pressées.

Pressage
Dans la fabrication du papier, le procédé du pressage permet de retirer le plus d'eau possible avant le séchage. Il aide le liage des fibres pour obtenir une feuille résistante.

Raffinage
Procédé de la macération des fibres de plantes pour les briser et les amener à l'état de pulpe pour la transformation en feuille. Cela peut être exécuté mécaniquement ou à la main.

Raphia
Feuilles de palmes de l'arbre de Madagascar (Raphia ruffia) utilisées dans la composition de linge, chapeaux et paniers.

Ruban adhésif en toile
Ruban adhésif large, argenté, doublé de tissu.

Ruban à reliure
Ruban encollé utilisé pour couvrir le dos d'un livre ou pour relier les bords de couverture.

Ruban de biais
Étroite bande de tissu de coton taillée sur le biais, pliée, utilisée pour la finition ou l'ornementation des vêtements.

Saignement
Écoulement de l'encre ou de la peinture sur du papier dont on n'a pas prévu l'étendue.

Sangle
Matériel de tissu fort, tissé serré et étroit.

Tiroir
Dans la fabrication du papier, c'est le cadre mobile qui est placé sur le dessus du moule pour tenir la pulpe et définir le bord de la feuille.

Toile à reliure
Tissu doublé de papier utilisé pour couvrir les livres.

Vaporisateur de montage photo
Type de colle adhésive utilisée pour coller les photographies dans les albums de montage.

Velum
Surface d'écriture dérivée de la peau de veau ou de mouton nouveau-né ou mort-né.

Index